KB250208

왜그걸
몰랐
을까

I Didn't See it Coming : The Only Book You'll Ever Need to Avoid Being Blindsided in Business
Copyright ⓒ 2007 Nancy C. Widmann, Elaine J. Eisenman, Amy Dorn Kopelan
All Rights Reserved.

Published by John Wiley & Sons, Inc., Hoboken, New Jersey.
Published simultaneously in Canada.

This translation published under license.
Any other copyright, trademark or other notice instructed by Wiley.
No part of this book may be used or reproduced in any manner whatever without written permission except in
the case of brief quotations embodied in critical articles or reviews.

Korean Translation Copyright ⓒ 2008 by Human & Books
Korean edition is published by arrangement with John Wiley & Sons, Inc.
through BC Agency, Seoul Korea.

이 책의 한국어판 저작권은 BC 에이전시를 통한 저작권자와의 독점 계약으로 **도서출판 사람과책**에 있습니다.
저작권법에 의해 한국 내에서 보호를 받는 저작물이므로 무단전재와 복제를 금합니다.

회사의 변화를 리드하는
최고의 생존 가이드북

왜 그걸 몰랐을까

The Only Book
You'll Ever Need to Avoid Being
Blindsided in Business

낸시 C. 위드만, 일레인 J. 아이젠만, 에이미 도른 코플란 지음
홍민표 옮김

사람과 책

From Nancy,

나에게 웃음을 가르쳐 준 나의 어머니 에일린,

한없는 성실함과 용기를 보여준 언니 제인.

내 인생에 사랑을 가져다주고 가장 소중한 선물인 나의 딸 사비나에게.

From Elaine,

내 인생의 사랑이자 멘토, 뮤즈로 항상 내 옆을 지켜준 스티븐,

무한한 기쁨과 사랑, 끊임없는 도전, 고품격의 어리석음과 새로운 전망을

나에게 보여준 제시카, 피터, 매튜에게

From Amy,

나를 끊임없이 고양시키는 비전과 힘을 가진 나의 남편 릭,

자신들의 상상력과 사랑으로 나를 지원해준 세 아들,

브렛, 아담, 테일러에게

차례

차례

I didn't
see it
coming

감사의 말

아주 특별한 작가 에이전트인 짐 러바인Jim Levine은 놀라운 끈기와 아량으로 이 책이 나오게 해주었다. 그는 업계 최고의 실력자이며 그의 성실함과 통찰력은 아무도 따라갈 수 없으리라.

아민 브롯Armin Brott은 뛰어난 작가이며 '뭔가를 아는' 사람이다. 그는 우리가 쓴 문장들을 가다듬고 하나로 만드는데 도움을 주었다. 그는 작업 내내 유쾌한 유머와 인내심을 보여주었다.

에밀리 콘웨이Emily Conway는 통찰력과 포용력을 가진 편집자이다. 그녀는 우리와 비전을 공유하는 우리 팀의 중요한 일원이기도 하다. 그녀의 옹호와 열의는 이 책을 만드는데 핵심적인 역할을 했다. 에밀리는 저자들의 옆에서 말을 들어주고 기회를 잡도록 격려해주었다.

우리에게 그들의 통찰과 경험, 시각을 나눠준 많은 클라이언트와 동료, 현명한 여러분에게 감사한다. 그들이 솔직하게 들려준 말 때문에 이 책이 더욱 가치 있게 되었다. 그들은 정직함과 열린 태도로 우리에게 지혜와 감각을 불어넣어 모든 것을 이해할 수 있게 만들었다.

친구들과 가족들에게 감사한다. 긴 여정의 순간순간마다 최고의 헌신과 인내심을 보여주었고 힘을 주었고 우리와 이 책에 대한 믿음을 포기하지 않았다.

세 명의 탁월한 경영자에게 감사한다. 업계 최고의 리더인 CBS의 CEO였던 피터 룬드Peter Lund, Capital Cities/ABC의 COO였던 댄 버크Dan Burke, Enhance Financial Services Group의 CEO였던 댄 그로스Dan Gross가 그들이다. 피터 룬드는 낸시에게 도전을 통해 정상의 자리에 오르도록 격려했다. 댄 버크는 에이미의 창의력과 기업가적인 사고의 발전에 지대한 공헌을 했다. 댄 그로스는 일레인에게 다음의 가능성을 항상 고려하는 것이 중요한 리스크를 감당할 수 있게 해주는지 깨닫게 해주었다(다음에 발생할 수도 있는 일들에 대해 항상 준비해야 중대한 위기에 닥쳤을 때 이를 어떻게 감당할 수 있게 해주는지 깨닫게 했다).

에스티 로더사Estee Lauder의 명예 부회장인 지넷 사키시안 와그너Jeanette Sarkisian Wager는 에이미의 역할 모델이자 현인이다. 그녀는 에이미에게 어떻게 여성이 힘과 공감, 탁월함의 기준을 세우는 리더가 될 수 있는지를 보여주었다.

하워드 스트링거 경Sir Howard Stringer과 존 랙John A. Lack은 CBS에서 낸시의 상사이자 멘토였다. 하워드 경은 타고난 자질과 매력, 인간성이 독특하게 결합한 리더십의 기준을 세웠다. 존은 리더십의 형식과 내용에서 모형을 창조했다.

특별한 조언자인 질 캐닌 러버스Jill Kanin Lovers, 티파니 앤 컴퍼니Tiffany & Co.의 부사장인 빅토리아 버거 그로스Victoria Berger Gross, 파트너컴PartnerCom의 CEO이자 벨리지언 그로브Belizean Grove의 창립자인 수전 스타우트버그Susan Stautberg는 항상 일레인에게 공명판共鳴板과 현실 점검을 제공해주었다.

클레오Cleo는 우리의 말을 들어주고, 편집과 토론에 헤아릴 수 없는 시간을 쓰면서도 결코 신뢰를 저버리지 않은 충실한 친구였다.

서문

지난 10년간 비즈니스 세계에는 엄청난 변화가 있었다. 전세계에 걸쳐 뛰어난 인재들이 성공적으로 섞여들거나 파트너 관계를 맺었다. 이들이 속한 회사들이 변화의 소용돌이에 휩싸이면서 그들은 새로운 팀으로 묶이기도 하고 감원과 구조조정, 재배치의 대상이 되는가 하면 원가절감, 급여삭감, 이윤팽창, 업무통합, 해고의 위협을 견뎌왔다. 그중에는 이런 조치들이 제대로 굴러가도록 일을 하는 가운데 갑자기 일자리를 잃은 사람도 있다.

또 이들이 몸담고 있던 회사는 합병되거나 문을 닫기도 했다. 변화를 모색하기 위해 컨설턴트가 개입하거나 새로운 상사가 부임하기도 했다. 새로운 사람들은 '어제의 영웅'이었던 리더들을 능가했다.

그런 일들이 반드시 일어나야 했던 것은 아니었다. 적어도 그렇게 큰 충격을 몰고 올 필요는 없었다. 만약 자신이 가는 길 위에 놓인 조직생활의 지뢰들에 충분한 주의를 기울였다면 예상치 못한 변화를 겪은 관리자들 중 많은 수가 아직도 자신의 자리를 지키고 있을 것이다. 그들은 문제가 생기기 전에 들리는 뚜렷한 경고음과 결과적으로 자신들을 파괴하고 탈선시켰던 회사 내부의 정치적 시나리오, 인간관계상의 위험에 충분한 주의를 기울이지 않았다. 그들은 변화하는 조직 환경에 무방비상태였던 셈이다.

세 저자에 대하여

우리는 이 책의 저술을 가능케한 배경지식을 회사 조직 내부에서 직접 체험하며 얻기도 했고 밖에서 얻기도 했다. 우리는 수십 년 동안 수천 명의 사람을 관리하고 수백만 달러의 예산을 통제했으며 회사를 사고, 합병하고, 세우고 매각했던 경험이 있다. 또한, 회사를 세우기도 하고 해체하기도 했다. 우리가 했던 경험을 두서없이 나열하자면 다음과 같다.

회사의 창업과 진로 관리, 라디오 방송국 운영, 텔레비전 프로그램 제작, 마케팅과 인사관리 부서 창설, 전국적으로 배포되는 잡지 창간, 전 세계에 있는 지사 관리, 회사 임원들의 평가와 지도, 인수합병 중인 과도기 회사 관리, 구조조정과 다운사이징downsizing, 회사 이사회의 일원으로 일하기, 경쟁회사와의 전쟁 등.

우리는 이러한 일들을 겪으며 성공과 실패를 맛봤으며 실패를 딛고 다시 일어서기도 했다.

낸시 C. 위드만Nancy C. Widmann은 25년 동안 CBS에서 근두한 공로로 2005년 방송 명예의 전당Broadcasting of Fame에 들었다. 8년 동안 CBS 라디오의 사장으로 재직하는 동안 뛰어난 관리자들을 이끌며 업계에서 가장 성공적인 회사로 만들었다. 1,200명의 직원과 4억 달러가 넘는 매출을 책임졌던 낸시는 한 회사의 재정적 생명선에 개개의 부서가 끼치는 역할에 대한 전문가가 되었다. CBS 제국에는 스물한 개의 라디오 방송국과 여섯 개의 라디오 네트워크가 속해 있다. 이 속에서 낸시는 무엇보다 조직에서 자신의 위치가 어떠하든 효율적으로 업무를 운영해야 한다는 것과, 조직에서 생존하려면 부여된 핵심 임무들을 수행하는 것뿐만 아니라 조직의 정치학에 정통해야 한다는 것을 배웠다.

낸시가 겪은 '왜 그걸 몰랐을까'의 순간은 웨스팅하우스Westinghouse가 CBS를 인수했을 당시였다. 그녀는 회사가 단두대에 올랐다는 것을 알고 있었다. 그러나 오랜 경력, 성공적으로 경영해온 사장이라는 면역력이 방송계에서 자신의 영역을 지킬 수 있을 것으로 생각했다. 어쨌든 낸시는 CBS 라디오의 순이익을 두 배로 올려놓았고, 업계에서 최고의 평가를 받고 있었을 뿐만 아니라 CBS에서 주요 부문을 운영하는 유일한 여성이었다. 그러나 웨스팅하우스는 그렇게 보지 않았다. 따라서 낸시는 CBS 네트워크의 전 사장 피터 룬드Peter Lund로부터 "그들은 당신을 원치 않는다"는 말을 전해들었다. 그리고 웨스팅하우스는 낸시의 자리에 자신들의 고위급 임원 중 한 명을 웨스팅하우스 라디오 사장에 앉혔다.

반면 일레인 J. 아이젠만Elaine J. Eisenman은 경력 중 대부분을 회사 조직 바깥에서 쌓았다. 그녀는 산업심리학과 조직심리학 박사이며 25년 이상《포천Fortune》지가 선정한 500대 기업들에 자문을 해왔다. 일레인은 기업의 CEO들과 실무진에게 주로 조직의 효율성과 기업 문화의 변화에 대한 조언을 해왔다. 일레인은 공식, 비공식적으로 여러 자문역을 맡기도 했으며 지금도 여전히 이 역할을 하고 있다. 일레인은 대개 급성장 중이거나 기업 문화의 변화를 겪는 고객들에게 임시로 혁심 실무자 역할을 해주었다. 회사 조직의 안팎에서 그러한 역할을 하는 와중에 일레인은 다른 사람들에게 '왜 그걸 몰랐을까'를 토로하게 하는 중요한 결정들을 책임져왔었다. 그러한 경험에도 일레인 역시 '왜 그걸 몰랐을까'의 순간을 경험해야 했다.

아메리칸 익스프레스American Express에 자문을 할 때였다. 일레인은 인사 담당 수석 부사장을 맡아달라는 요청을 받았다. 이것은 원대한 계획을 품은 부사장을 도와 부서를 재배치하는 일이었다. 2년 반의 세월이 지난 어느 날 저녁 일레인은 회장으로부터 뜻밖의 전화를 받았다. 그녀의 상사가 죽었다는 거였다. 일레인은 새로운 부사장을 물색하는 일을 맡았지만 그 과정에서 새로운 상사가 전 상사와 같은 생각을 하고 있지 않다는 것을 깨달았다. 일레인은 인선 임무를 성공적으로 마쳤고 사람이 정해지자마자 회사를 나왔다.

에이미 도른 코플란Amy Dorn Kopelan은 ABC TV에서 20년 만에 임원의 자리에 올랐고, 아침 방송 담당 수석 부사장으로 프로그램 〈굿모닝 아메리카Good Morning America〉를 9년 동안 맡았다. 개성 넘치는 사람들이 모인 팀을 성공적으로 관리한 능력으로 ABC 엔터테인먼트의 다이렉트 마케팅 담당 부사장이 되었고, 그 자리에서 전국적인 잡지 《에피소드Episode》를 기획하고 창간하는데 공헌했다.

에이미의 '왜 그걸 몰랐을까'의 순간은 ABC가 《에피소드》의 폐간을 결정했을 때였다. 그럼에도 에이미는 회사에서 승승장구해왔기 때문에 다른 요직을 받지 못할 거라고는 상상도 하지 않았다. 그러나 그런 일이 벌어지고 말았다. 캐피털 시티스Capital Cities와 ABC의 최고운영책임자

COO를 겸하고 있던 댄 버크가 에이미에게 솔직하게 털어놨다. 당신의 기업가적 재능을 고려해봤을 때 회사에 적당한 자리가 없으며 직접 사업을 시작하는 것이 좋겠다는 거였다.

우리 셋은 각자의 방식대로 식견이 깊어졌고 직관력과 지혜를 얻었을 뿐만 아니라 이전보다 더 강해졌다. 과거를 돌아보면 우리의 자리가 위험에 처했을 때 명백한 위험 신호가 있었다는 것을 안다. 낸시는 진행 중이던 매각 협상이 자신에게 미칠 충격을 오판했다. 일레인은 막연히 전 상사와의 친분보다는 자신이 회사에 해왔던 확고한 공헌이 중대하게 평가되리라 추측했다. 에이미는 새로운 체제가 일련의 새로운 통치 방식을 가져온다는 것을 미리 깨닫지 못했다. 우리는 모두 신호를 전혀 보지 못하기도 했고, 눈 앞의 신호를 완전히 무시하기도 했다. 변화하는 환경에서 무방비상태가 되어 가는 동안 우리 각자는 수십 명의 임원과 일할 기회가 있었고, 그들 대부분이 한 번쯤 또는 그 이상 '왜 그걸 몰랐을까'의 순간을 경험했던 것을 봐 왔는데도 말이다.

비즈니스에서 우리가 배운 것은 생존은 업무 실적과 거의 상관이 없다는 것이다. 회사 조직의 최상층에 있는 사람들은 거의 모두가 뛰어난 사람들이기 때문이다. 생존은 실적이 아니라 어떻게 위험이 닥치기 전에 그것을 알아채고 정치적 육감과 현명한 전략으로 전투를 수행하는가에 달렸다.

이 책은 무엇이 다른가

이 책은 남녀를 불문하고, 이미 좋은 경력을 쌓았더라도 자신의 성공을 스스로 조절하고 감독하기 원하는 사람, 급변하는 회사 조직 환경에서 살아남기 원하는 모든 회사의 임원들과 전문가들, 관리자들을 위한 것이다. 서점에는 똑같은 독자들을 겨냥한 책들이 많다. 그러나 우리는 야전에서 겪은 경험을 통해 어떤 저자들보다도 유리한 위치에서 회사에서 살아남는 법에 대해 말할 수 있는 시야를 확보할 수 있었다. 많은 책의 저자들이 자신이 정상에 다다랐던 특정한 여행 과정 또는 이론적인 비즈니스 환경이라는 렌즈를 끼고 책을 썼다. 그러나 이 책은 아주 다른 책이다.

첫째, 우리는 무엇보다 회사 생활에서 예상치 않은 상황에 처하거나 대기발령을 받는 것이 얼마나 견디기 어려운 것인지 안다. 그리고 우리는 아주 잠깐일지라도 권력이나 평정심을 잃는 게 어떤 기분인지 제대로 겪어본 사람들이다.

둘째, 이 책은 당신의 회사 조직 내에서 일어나는 모든 변화를 어떻게 하면 놓치지 않을 수 있는가에 초점을 맞추고 있다. 이 목표를 위해 우리의 경험과 어렵게 얻은 시각, 고객과 동료, 친구, 상담했던 이들의 경험을 사례로 삼았다. 그리고 이렇게 우리가 관찰한 것과 배운 것을 회사 조직이라는 문맥 안에 배치했다. 이런 종류의 정밀하고 경험에 근거한 렌즈는 다른 어떤 처세서도 제공할 수 없으리라 자부한다.

가장 중요한 것은 이러한 이야기들이 단순히 주의를 주는 이야기가 결코 아니라는 점이다. 이 책에 담긴 이야기들의 뼈대는 우리 자신의 이력에서 겪었던 고달픈 시기에 '그렇게 했었더라면 했던 사고와 행위'에서 나왔다. 일레인은 고객들과 평가에 관해 상담하면서 그들이 과거에 겪었던 위기에 대해 이야기를 나누게 되는데, 이렇게 묻곤 한다. "만약

앞날을 미리 볼 수 있는 타고난 능력이 있었다면 어떻게 달라졌을까
요?"

이 책은 당신에게 앞날을 미리 볼 수 있는 능력을 선사할 것이다. 또
한, 이 책의 나머지 코스에서는 다음과 같은 것들을 보여줄 것이다.

- 조직 내에 진정한 권력이 숨어 있는 곳을 판별하는 법
- 기업 문화의 변화 속에서 등장하는 지뢰들을 발견하는 법
- 잠재적 위험을 무력화시키는 가장 효과적인 전략들
- 변화하는 동맹관계 등을 노리는 동료, 새로운 CEO들이 만들어내는
  위험천만한 회사 지형에서 안전하게 순항하는 법
- 조심해야 할 것들, 머리를 숙여야 할 때, 딴전을 피워야 할 때, 누구
  와 제휴해야 할 것인가 그리고 언제 어떻게 상사와 보조를 맞추어야
  하는가와 심지어 그를 몰아내는 방법
- 기회를 보고, 자신의 경력이 처할 운명을 통제하며 중요한 순간마
  다 경쟁자들을 압도할 비판적 시각, 효과적인 도구들, 본능을 개발
  하는 법

지뢰밭을 헤쳐나가는 법

이 책에서 우리는 당신이 속한 조직을 표현하는데 지뢰밭이라는 은유를
쓰려고 한다. 너무 심한 표현이라고? 우리는 그렇게 생각하지 않는다.
우리는 무엇보다 앞에 감춰진 정치적 지뢰들을 제거하지 않고 움직이는
것이 얼마나 힘든지 겪어왔다. 경력을 유지하려면 반드시 분명하고 안전
한 길을 확보해야 한다.

한 가지 재미있는 이야기가 있다. 덴마크의 생명공학회사인 아레사 Areasa Biodetection는 유전자 조작 기술을 이용하여 지뢰 탐지용 식물을 개발했다. 이 식물은 땅속에 묻힌 지뢰에서 유출된 이산화질소를 흡수하면 붉은색 꽃을 피운다. 이 작은 꽃들은 눈 앞에 놓인 위험을 표시해주는 천연의 붉은 깃발이다. 똑똑한 생명공학회사 하나가 회사 생활의 지뢰를 탐지해내는 꽃을 개발하기 전까지 이 책은 그 역할을 하게 될 것이다. 당신은 이 책이 가리키는 붉은 깃발들을 보고 위험들을 피하여 안전한 길을 찾을 수 있을 것이다.

앞에 깔린 지뢰밭을 피하는 핵심적인 방법은 회사 생활에서 마주치는 네 가지 유형의 선수들과 관계를 꿰뚫는 것이다. 그것은 당신의 부하, 동료, 상사, 고위 경영진과의 관계이다. 조직의 어느 자리어 있건 이 네 가지 그룹이 당신의 생존과 성공에 궁극적인 영향을 미친다.

네 종류의 선수들에 대해 논하기 전에 우리는 어쩌면 엉뚱하게 보일 수도 있는 계획에 대해 이야기를 하려고 한다. 그것은 탈출 전략이다. 이 전략 계획은 일자리가 위험에 처하기 시작했을 때 당신이 무엇을 해야 하며, 어디로 가야 하는지, 어떻게 그곳에 가 닿을지에 관한 것이다. 회사 생활의 혼전 서약이라고 할 수도 있겠다. 탈출 전략을 통해 당신은 다음에 뭐야 할 수나 회사를 그만둬야 할 때를 준비할 수 있다. 잘 짜인 탈출 전략이 있다면, 현상現狀을 파악하고 앞서나가 새롭게 혁신하며 도전할 수 있다. 또한, 강력한 전략은 상사와 동료, 부하와 고위 경영진과의 관계에서 과감하면서도 안전하게 처신할 수 있게 해준다. 만약 지뢰를 밟아 제거하는 임무에 내몰린다면, 당신의 이력을 관리하는 데 명석한 판단을 내릴 수 없을 뿐만 아니라 조직의 사다리를 올라가는 데 필요한 자신감을 얻지도 못할 것이다.

다음은 우리가 이어지는 장에서 소개하게 될 통찰과 조언의 내용을 간단히 정리한 것이다.

- 제2, 3장에서는 장악력, 리더십 스타일의 계발, 시야를 유지하는 법, 부하를 평가하는 법 등에 대해 말한다. 이 과정에서 독자들에게 능력의 평가과 채용, 균형 잡힌 인간관계, 회사 문화에 대응하는 법과 관련한 중요한 사례들을 소개한다.
- 제4장은 '내 등을 긁어주면, 당신 등도 긁어준다'라는 정치에 대한 장이다. 당신에게 통찰력과 위험에 대한 경고, 피드백을 줄 수 있는 밴드 오브 브러더스들을 모으는 것은 당신의 경력을 전진시키는데 도움이 된다.
- 제5장에서는 팀으로 일하는 데 내재한 위험을 설명한다. 팀에 들어가는 것을 피하는 것은 거의 불가능하기 때문에 우리는 시계視界와 신뢰를 얻는 법, 팀의 역동성을 진작시키는 데 도움이 되는 기술들을 설명하고자 한다.
- 제6장은 새로운 상사에 대한 장이다. 현재의 상사가 자리를 잃을 때를 어떻게 판단하는지 보여줄 것이다. 그뿐만 아니라 옛 상사가 짐을 싸고 새로운 상사가 짐을 풀기 시작할 때의 혼란스런 상황을 헤쳐나가는 전략에 대해서도 다룰 것이다.
- 먹이사슬의 어느 단계에 속해 있건, 누구에게나 상사가 있다. 제7장에서는 상사를 멋지게 보이는 방법을 통해 어떻게 자신을 관리하는지, 어떻게 하면 상사를 무색하게 만들지 않는지를 다룬다. 또한,

상사의 후위를 방어해주는 것이 왜 필요한가와 상사와 너무 밀접하게 관계를 맺는 것이 왜 위험한지도 논의할 것이다.

- 제8장에서는 고위 임원들의 세계에 초점을 맞춘다. 이들은 얻을 것도 잃을 것도 없는 책임을 가진 사람들이지만, 엄청난 권력을 휘두른다. 우리는 이 숨겨진 영향력이 CEO에게 직접 닿아 정상에 오르려는 당신에게 어떤 방식으로 도움이 되거나 장벽으로 작용하는가를 보여줄 것이다. 보너스로 컨설턴트를 다루는 법을 다룬다. 그들을 지렛대로 삼는 법이 소개된다.

- 제9장은 회사 조직 내의 변화를 읽는 법과 당신의 경력이 갑자기 정지할 수도 있는 시기를 파악하는 법에 관한 솔직하고 눈이 휘둥그레질 만한 논의다. 여기서는 심판의 날을 슬기롭게 헤쳐나가고 그 전체 과정에서 힘과 냉정함을 유지할 수 있는 무결점 게임 계획을 제공한다. 마지막으로 우리는 '왜 그걸 몰랐을까'의 순간을 예방하는 네 가지 법칙에 대해서도 자세히 설명할 것이다.

'왜 그걸 몰랐을까'의 순간이 오는 게 보이는가?

큰 그림을 그려보면, 그렇게 많은 현명하고 경험이 풍부한 실무자들이 '왜 그걸 몰랐을까'의 상황에 부닥치고 탈출 전략을 갖지 못했는지 이해하기는 어렵지 않다. 물론 신호를 알아채거나 비즈니스 지형상에 찍힌 점들을 이어 뭔가를 파악한다는 것은 쉬운 일이 아니다. 누구나 자신의 경력이나 지위가 위험에 처하는 것을 상상하기조차 싫어하기 때문에 우리는 이따금 보고 싶지 않은 것을 지나치거나 무시하고 잘못 해석하기도 한다. 또는 신호를 봤다고 해도 무의식적으로 기억에 저장하지 않기도 한다.

익히 아는 것처럼, 문제는 두 가지 중요한 욕구와 관계가 있다. 그것은 개인의 정체성과 사회적 예측가능성social predictability의 문제다. 심리학자들과 경력 관리 전문가들의 경고에도 많은 관리자가 자신의 정체성을 자신의 일에 결부시킨다. 하는 일이 그 사람을 말한다는 말이 있다. 하지만 이 말 속에서는 일과 사람의 경계가 모호하다. 사람과 일이 동일시 된 것이다. 칵테일파티에 모인 사람들 중 누구도 "나는 마케팅 실무를 맡아 일을 한다"라고 말하지 않는다. 사람들은 "나는 마케팅 실무자요"라고 말한다. 이렇게 정체성이 위협 받으면 위험 신호를 무시하기 쉽다. 특히 지위나 권력을 잃을 위험 신호들을 무시하기 쉽다. 요즘에는 자신의 주위에서 일어나는 일에 대해 현명한 판단을 내리는 대신 자기 변명에 능한 사람들이 흔하다.

우리는 예측가능성을 갈구한다. 다음 월요일 아침에 어디로 가야 하는지 알아야만 한다. 만약 사무실로 향한다면 동료가 상의하고 싶어 하는 것, 부하직원이 물어올 것, 상사가 무엇을 기대하는지를 우리는 잘 알고 있다. 그럼에도 안정된 패턴에 의존하다 보니 예측가능성을 포기하는 것은 쉽지 않은 일이다. 아무리 뛰어난 관리자도 자신의 인생에 구조를 잡아주고 친숙한 사회적 인간관계를 만들어주는 일정한 예측가능성과 정상 상태를 갈구하고 거기에 의존한다.

예측가능성과 사회적 인간관계가 위협받게 되면, 위험 앞에서 객관적으로 보거나 사려 깊게 행동하는 것이 불가능하지는 않을지라도 어려워진다. 바로 이때 무방비상태가 되는 순간이다. 사람들은 개인적 성공, 일의 만족, 경력상의 목표를 간절히 원하고 또는 이미 엄청난 투자를 했기 때문에 모든 것이 갑자기 끝날 수도 있다는 것을 순순히 받아들이지 못한다.

우리가 이 책을 쓴 목적은 당신을 끊임없는 걱정으로 몰아넣고 편집증을 갖게 하려는 게 아니다. 이 책의 목표는 무방비상태가 되지 않은 채 성공의 계단을 오르고 도전에 맞서며 정상으로 가는 데 필요한 도구를 주려는 것이다. 회사라는 지뢰밭에 놓인 붉은 깃발을 보는 법을 알고 있다면 당신은 보다 현명하고 과감한 결정을 내릴 수 있다. 이 방법을 통해 자신감 넘치고 창조적인 리더로서 확고한 지위를 굳히게 될 것이다. 이제 시작해보자.

1 탈출 전략이 당신에게 필요한 이유

베티 테일러Betty Taylor는 엘리베이터 단추를 눌렀다. 베티는 상사이자 회사 회장인 피터 그로메티Peter Grometti를 만나러 가는 중이고 둘이서 의논할 좋은 아이디어를 머릿속에 떠올리고 있다. 마커스 출판사Marcus Publishing의 회장인 그로메티는 최근 잡지와 신문, 방송사까지 소유한 LDGT에 회사를 매각하는 계약을 체결한 터였다. 베티는 지난 10년간 소비자 잡지 부문의 사장이었고 재임 중 구독자와 순익을 두 배로 뛰게 만들었다.

베티는 병합되는 회사의 잡지 부문을 총괄하게 된다는 부푼 기대감과 업계에서 자신의 책임과 영향력이 확대되리라는 생각에 흥분을 억누른 채 회장실에 들어갔다. 그러나 그로메티와의 대화를 하던 중 베티는 엄청난 충격을 받았다. 회장은 조용하고 단호한 어조로 새로운 사주가 베티의 유임을 원치 않는다고 했다. 새로운 경영진은 오히려 베티에게 진행 중이던 모든 계획을 중지하는 동시에 휘하 직원 대부분을 방출시키고 6개월 내에 회사를 떠나기를 요구했다. 상황은 매우 단순했다. 새로운 경영진은 이미 소비자 잡지에 그들의 라인인 사장을 임명했고, 새 사장이 합병된 조직을 운영하기 바란다는 거였다.

그로메티가 늘어놓는 세부적인 이야기를 들으면서 베티는 자신의 모든 인생이 바뀔 순간에 처했음을 깨달았다. 엘리베이터를 타고 사무실로 돌아오면서 자신을 뒤돌아보기 시작했다.

베티는 자신이 지난 수년간 고용 계약서를 들여다보지도 않았으며 헤드헌터에게서 전화를 받은 게 8개월 전이라는 사실을 떠올렸다. 더 나쁜 일은 출장과 일에 치이면서 한때 활발했던 인맥 관리가 멈춘 지 오래였고, 그야말로 자신의 인생을 소비했다는 느낌이었다. 베티는 자신이 '왜 그걸 몰랐을까'의 순간에 와 있다는 것을 깨달았으나 설상가상 그 순간에 무엇을 어떻게 해야 좋을지 모른다는 사실이었다.

베티의 사례에서 보듯이 당신은 회사에 생기는 주요한 변화에 재빠르게 대응할 준비를 했는가? 만약 내일 당장 자리를 떠나야 한다면 무슨 준비가 되어 있는가? 해고를 통보하는 회사 게시판의 공고문을 그대로 받아들일 수는 없더라도 의연하게 지나쳐 걸어갈 준비가 되어 있는가?

우리는 미국과 캐나다에서 열린 대규모 심포지엄에 참가한 《포천》지 선정 500대 기업의 CEO와 사장, 임원에게 이런 질문을 해봤다. 놀랍게도 그들 중 누구도, 단 한 명도 계획을 세우는 이는 없었다. 더 놀라운 사실은 그들 중 아무도 자신이 다음에 갈 자리는 어디이며, 어떤 종류의 일에 만족할 수 있는지, 심지어 회사를 떠나야 한다면 감정적으로나 재정적으로 준비가 되어 있는가를 생각해보는데 약간의 시간이라도 써본 사람이 없다는 것이었다.

결론적으로 말하면, 직급이야 어떠하든 그러한 임원들 중 누구도 우리가 '탈출 전략'이라 이름붙인 계획을 갖고 있지 않았다. 탈출 전략은 당신이 다음 수를 둘 때, 무슨 일이 생기더라도 자신의 경력을 스스로 관리할 수 있도록 잘 준비된 전략적 계획을 말한다. 당신은 자신이 관리하는 사업 부문, 부서 혹은 회사가 우발적인 상황에 대처할 수 있는 여러 개의 시나리오들을 갖춘 미래지향적인 사업 계획도 없이 중구난방으로 굴러가게 놔두지 않을 것이다. 그렇지 않은가? 당신의 자리도 똑같다. 만약 탈출 전략이 없다면, 당신은 자신의 경력 관리를 내팽개친 셈이며 미래를 풍전등화 상태로 내몬 것이다. 탈출 전략이 없다면 당신은 자신(그리고 가족)의 재정적, 심리적 건강을 위험에 빠뜨리고 있는 셈이다.

지위의 높고 낮음을 막론하고 왜 모든 관리자들에게 탈출 전략이 필요한가에 대해서는 몇 가지 핵심적인 이유가 있다. 우리는 그 이유를 3C로 요약한다.

● 변화 Change

당신이 얼마나 오래 현재의 고용주와 지내왔건 또는 현재의 자리를 얼마나 편안하게 느끼건, 회사 조직 내의 어떤 자리도 영원하지는 않다. 아무리 시간이 흐르더라도 우리는 '항구적인 것은 변화뿐이다'라는 옛 격언이 진실이라는 것을 눈으로 확인해왔다. 오늘날의 거친 시장에서 경쟁하며 성장을 꿈꾸는 회사들은 끊임없이 혁신해야 한다. 여기서 우리가 이야기하고자 하는 바는 새롭고 더 나은 상품의 출현에 대한 게 아니다. 혁신의 의미에는 절차의 간소화를 주도하고, 앞으로 나가면서 만나는 새로운 도전에 맞설 수 있는 사람들을 고용하는 것도 포함한다. 불행하게도 인수합병과 조직감축, 구조조정이라는 새로운 현실 앞에서 경험이 많건 적건, 실력이 있건 없건 간에 수많은 관리자가 길가에 나 앉았다. 이 대목에서 우리를 오해해서는 안 된다. 우리는 지금 당신이 항상 실업의 목전에 놓여 있다고 말하려는 게 아니다. 그건 전혀 아니다. 우리가 바라는 것은 하룻밤 사이에도 상황이 바뀔 수 있다는 것, 그 변화들은 당신에게 자신을 재창조하도록 요구하리라는 점을 의식하기 바랄 뿐이다.

● 자신감Confidence

만약 일자리를 잃을 걱정을 하고 있다면 진정으로 창조적이고 혁신적이며 활기찬 리더가 된다는 것은 불가능하다. 발등에 불이 떨어졌을 때 해야 할 일을 정확히 알고 있다면 안정감을 느끼게 될 것이고 훨씬 효율적인 리더가 될 수 있다. 언제라도 실행 가능한 탈출 전략을 세운 상태에서는 '이다음에 올 최악의 상황은 뭐지? 이렇게 해도 통하지 않는다면 떠날 준비가 되어 있어'라고 말할 수 있는 자신감을 가질 수 있다. 이 자리가 아니라도 얼마 동안은 생존할 수 있다는 완전한 자기 확신이 없이는 성공에 필수적인 리스크를 감수할 용기가 생기지 않는다.

● 통제력Control

탈출 전략을 가진 사람은 자신의 경력을 통제할 수 있다. 탈출 전략은 책임지는 것이다. 그것은 남이 터준 길이 아니라 자신이 선택한 길로 들어설 기회를 마련해준다. 자신의 경력을 스스로 통제할 수 있다면 당신의 이해에 따라 경력을 선택할 기회를 갖고 안정감을 느끼게 된다.

따라서 탈출 전략이란 리스크 관리를 의미한다. 이미 계산된 위험 속에서 성장이 일어나며 위험을 무릅쓰지 않고는 발전할 수 없다. 이런 의미에서 일자리를 잃고 거리에 나 앉을 수 있다는 걱정이나 하고 있다면 위험을 감수할 수 없게 된다. 요즘과 같이 거친 시장 상황에서 앞으로 나아가려면 빈틈없고 재치 있는 계획이 필수적이다. 현재의 회사 안에서 새로운 자리이든지 회사를 나와서든지 마찬가지다. 계획이 세워지면 상사와 동료, 부하직원과 주주, 이사회 등 만나는 모든 사람들을 대하는 방식이 달라진다. 그리고 가장 중요한 점은 탈출 전략이 생김으로써 당신은 성장에 필요하다고 생각하는 일들을 할 수 있게 된다. 자신에 관한 것이든 회사를 위해서든 말이다.

탈출 전략의 방향

우선 이것이 무엇인가 판단을 해보자. 탈출 전략은 현재 다니고 있는 회사와 단절하자는 계획은 아니다. 그러한 프로그램은 사직도 포함하고 있는데, 사직은 효과적인 탈출 전략의 맨 마지막 단계로 오로지 탈출 전략의 나머지 전체가 확고하게 세워졌을 때만 결정될 수 있다. 게다가 탈출 전략은 단순히 현재 몸담은 회사를 떠나기 위한 계획이 아니며 현재 직장과의 최종적인 결별일 필요도 없다.

그렇다면 탈출 전략이란 무엇인가? 간단히 말하면 탈출 전략은 당신의 경력에 나아갈 방향을 정해주는 장기 계획이다. 탈출 전략은 '다음엔 뭐지?'라는 질문에 답을 준다. 관리직에 있는 모든 사람들이 알아야 할 것은 왜 회사에 감원이나 다른 일이 일어난 다음에야 그런 질문을 해야만 하는가이다. 어쩌면 자신의 지위나 경력이 정상일 때가 '다음엔 뭐지?'라는 질문을 할 최상의 시기일 수 있다.

예를 들어보자. 당신은 거의 무너진 부서를 구원하기 위한 팀의 일원이다. 임무를 진행하면서 당신은 가슴속에 완전히 다른 일에 대한 정열이 도사려 있는 것을 깨달았다. 그 일은 당신이 좋아하는 도전 대상이며 무엇보다도 그런 일에 제격이다. 그러나 그 일이 끝나고 예전의 자리로 돌아왔을 때 어떤 일이 일어날까. 한때 좋아했었지만 이제는 어떠한 성취의 황홀감도 주지 않는 일에 복귀한 것이다. 그리고 자신의 목표와 전문성에 일치하는 않는 상황에 들어와 있다는 것을 깨달았다. 바르 이때 잘 다듬어진 탈출 전략이 탁월한 효과를 발휘한다. 탈출 전략은 회사 내부에서든 회사를 떠나서든 당신이 움직일 수 있도록 도구들과 안전망을 제공해준다.

따라서 탈출 전략은 인생의 다음 단계에 대한 사고 틀이다. 그리고 탈출 전략은 당신의 미래에 대한 비전과 모든 인생을 걸쳐 성취하고자 하는 바를 명료하게 해준다. 자신의 기회와 선택지들을 극대화하려면 탈출 전략이라는 사고 틀을 바탕으로 놓고 당신의 목표가 어떤 것이며 거기에 무엇이 필요한지 생각해야 한다.

탈출 전략의 수립

탈출 전략을 세운다는 것은, 다른 전략 계획을 짤 때도 마찬가지겠지만 한 번 만들어 놓고 잊어버릴 일이 아니다. 탈출 전략은 끊임없이 진화하는 계획이며, 계속해서 고치고 가다듬어야 한다.

탈출 전략을 세우려면 자신이 일하는 환경에 대해 지속적으로 경계하고 통찰해야 한다. 이것은 항상 자기가 속한 조직의 변화를 완벽하게 꿰고 있어야 한다는 뜻이다. 중대한 변화이거나 사소한 것이든 가리지 말아야 하며 경영 구조의 변화, 조직개편, 회사의 합병, 강제 휴업, 주가, 수익률 보고 등이 포함된다. 더불어 당신의 회사에 영향을 미칠 수 있는 외부적 요인들에도 주의를 기울여야 한다. 인수와 합병, 경제 전망, 이자율 변화, 경쟁회사들의 동향, 동종업계의 전반적인 실적 등이다. 어쨌건 당신은 이 모든 것들의 위에 올라앉아야 한다. 이런 종류의 지식은 정보통이면서 빈틈없는 관리자가 되는 데도 핵심적이다. 우리는 당신이 여기에 이전보다 한 단계 더 높은 노력을 기울이기 바란다.

만약 이 말이 너무 많은 걸 요구하는 것처럼 들린다면, 당신은 제대로 이해했음이 분명하다. 잘 짜인 탈출 전략은 우리가 최우선 과제로 삼기를 권장할 만큼 결정적인 생존 도구이기 때문이다. 물론 탈출 전략이 매일 몇 시간씩 시간을 들여야 할 만큼 당신 삶에서 중심이 될 필요는 없다. 적어도 마음 한편에만 자리 잡고 있으면 된다.

항상 날마다 일어나는 사건들이 당신의 회사에 어떤 영향을 끼치는지 주시하라. 《월스트리트 저널》을 읽거나 비즈니스에 초점이 맞춰진 특정 잡지를 읽을 때, 읽는 내용이 당신과 당신의 일에 영향을 줄 수 있는 것인지, 그렇다면 어떻게 그렇게 될 것인지를 자문해야 한다. 박람회에 나가거나 다른 회사의 동료를 만날 때도 마찬가지다. 토막 뉴스들을 수집하고 종합하여 현재 진행되고 있는 일 혹은 앞으로 일어날 일을 계산해 보는 것이다. 이렇게 정보를 모으고 갱신하는 일은 당신의 탈출 전략에 기초가 된다.

'목적지를 모른다면, 그곳에 도착하더라도 알지 못한다'라는 속담처럼 항상 다음에 가고 싶은 곳이 어디이며 무엇이 당신을 그곳에 데려다 줄 수 있는지를 염두에 두어야 한다. 잊지 말아야 할 점은 계획은 항상 유동적이라는 것이다. 탈출 전략 또는 다음 행보에 대해 당신이 내리는 결정은 내부적, 외부적 사건에 따라 바뀔 수 있다. 당신은 탈출 전략을 고인 채로 또는 고정된 채로 두어서는 안 되며 자신을 단 하나의 경로에 묶어 놓아서도 안 된다. 또한, 단기적인 목표들을 세웠다면 정기적으로 장기 목표에 대해서도 생각하라. 그런 다음 인생의 행로를 떠올려보라.

강력하고 효과적인 탈출 전략으로 다음 네 가지 요소를 반드시 갖춰야 한다.

1. 탈출 자금을 마련한다.
2. 개인적인 조언자 그룹을 만든다.
3. 자신의 전문 분야에서 시장성을 높인다.
4. 인맥을 지렛대로 활용한다.

탈 출 자 금

재정 설계자들이 고객들에게 하는 조언 중에 가장 중요하지만 너무 쉽게 무시되는 사항이 있다. 그것은 일정한 기간, 보통 6~12개월 동안 쓸 수 있는 예비 자금을 따로 챙겨놓으라는 것이다. 맞는 말이지만, 우리는 기간을 적어도 12개월에서 18개월로 늘려 잡을 것을 권한다. 왜 주머니를 하나 더 차야 하는가? 만약 탈출 전략이 회사를 그만 두는 것으로 현실화되고, 다른 일을 시작할 수 있는 좋은 기회가 있을 때는 장기주택할부금이나 먹고사는 것 이상의 돈이 들어간다. 특히 창업을 염두에 두고 있을 때는 여유 자금이 더욱 절실해진다. 충분한 현금과 유동 자산이 있다면 새로운 모험을 감행할 수 있는 자유가 생긴다. 또 이전보다 재정적으로 안정적이지 않을지라도 사업을 시도할 수도 있다.

그리고 실직 상태나 직장에 나가는 상황에서 새로운 것을 도모하는 일 외에 어떤 이유에서라도 탈출 자금에 손대고 싶은 유혹을 뿌리쳐야 한다. 상황은 때로 통제할 수 없는 쪽으로 흘러간다. 당신이 예상한 것보다 훨씬 더 오래 대기선수 명단에 머무를 수도 있다는 것을 잊지 말아야 한다.

우리가 탈출 자금을 첫 번째로 삼은 이유는, 그것이 없이는 결정적인 변화에 대응할 수 있는 자유를 얻을 수 없기 때문이다. 회사 내에 문제가 있다는 것을 탐지하고 경력의 변화를 꾀하거나 회사에서 당신을 퇴직시키기로 했다고 하자. 이때 일정 기간 재정적 안정을 누릴 수 있다는 것과 그렇지 않은 것은 엄청난 차이다.

사람마다 처한 상황이 다르므로 유감스럽게도 예비 재정을 쌓는 데 우리가 이거다라고 제안할 수 있는 처방은 없다. 만약 그런 게 있다손 치더라도 이 책은 재정 계획에 관한 책은 아니기에 더 이야기하지는 않겠다. 가능한 한 돈을 많이 모으자. 만약 그 과정에서 계획이 필요하다면 주저하지 말고 회계사나 재정 조언자에게 도움을 구하라.

개인적인 조언자 그룹

당신이 CEO, 기업가 또는 큰 회사의 임원이건 간에, 그 자리는 자신의 힘만으로 도달한 것은 아니다. 마찬가지로 당신이 다른 경력을 쌓으려고 할 때도 혼자만의 힘으로 될 수 있는 것은 아니다. 이것이 조언자 그룹을 형성하라고 말하는 이유다.

이 그룹은 조언이나 경력에 관한 방향설정이 필요할 때마다 언제든지 찾아가 물어볼 수 있는 믿음직한 사람들로 이루어져 있다. 여기에는 당신의 변호사, 회계사, 스승, 직업 상담가, 헤드헌터 사업에 종사하는 친구가 들어올 수도 있다.

그렇다면 어떤 사람을 이 그룹에 포함해야 할까. 무엇보다 당신의 강점과 약점, 가능성을 알되 당신이 내린 결정의 결과에 감정적으로나 돈 문제로 얽매이지 않은 사람이어야 한다. 이 그룹에 속한 사람은 당신을 객관적으로 평가해주면서도 염려해주는 사람이다. 배우자는 여기에 적합할까? 물론 경우에 따라 다를 것이다. 배우자 대부분은 인정하기 싫어하는 사실이지만, 자신만의 계획을 갖고 있으며 당신의 개인적·직업적 만족보다는 공공연히 안정에 더 가치를 둔다. 부모나 형제는 어떨까? 물론 이것도 경우에 따라 다르다. 만약 그들이 당신과 직업적으로 연관이 있다면, 때로 엄청난 도움이 될 수 있다. 하지만 이 경우 그들의 객관적 평가를 신뢰할 수 있어야만 한다. 즉, 조언자들을 구하는 데 있어서 가장 중요한 것은 반드시 당신의 회사 바깥에서 구해야 한다는 점이다. 우리는 제4장에서 회사 내부의 사람들과 어울리는 문제에 대해 자세히 논할 것이다.

조언자들이 갖고 있어야 할 특징을 꼽는다면, 그들이 당신의 사고를 도울 수 있는 능력의 소유자여야 한다는 점이다. 조직 내에 큰 변화가 생겼을 때 지침을 제시해줄 수 있는 조언자도 필요할 것이고, 진로의 변경에 대해 브레인스토밍brainstorming을 해줄 수 있는 사람이 필요할 수도 있다. 이상적인 것은 당신이 그들을 필요로 할 때 가까이 있어야 한다는 것이다. 때로 조언자가 직업이나 다른 일 때문에 멀리 있다면 그 조건에 유동적으로 대처할 수 있어야 한다. 항상 가서 만나야 할 사람의 목록을 갱신하고 정기적으로 만나야 한다. 이것은 생명력 있는 탈출 전략의 중요한 부분이다.

우리의 고객 중에는 개인적인 조언자 그룹에 관해 물어오는 경우가 많다. 다음 네 가지는 그때 자주 나오는 질문이다.

● 어떻게 나의 조언자가 되어달라고 부탁할 것인가?

조언을 부탁받은 사람 대부분은 그 자체를 즐거워한다. 누군가에게 당신이 그의 판단을 존중하며, 의견을 귀중히 생각한다고 이야기하는 것만으로도 충분할 수도 있다. 그는 기꺼이 당신이 가진 기회를 같이 탐색하고 상황을 풀어나가는 자문 역에 동의할 것이다. 그 때문에 대부분은 누군가의 전문적인 식견이 필요할 때 당신이 신뢰하는 사람에게 전화를 걸어 조언을 해줄 짬이 있느냐고 묻는 것 정도의 일이다.

● 조언자 그룹은 비공식적이어야 하는가?

우리의 경험에 비추어보면 매우 비공식적이다. 하지만 이것은 당신의 그룹이고 당신의 미래에 관한 것이니, 원하는 대로 하면 된다. 다만 필요할 때 조언을 줄 수 있는 신뢰할 수 있는 지인들을 그룹에 넣어야 한다는 점을 확실히 하면 된다. 회사의 이사회 같은 것과 달리 여기에는 아무런 계약서도 없고, 조언자 그룹 성원 모두가 참가하는 모임을 갖지 않는다는 않으리라는 점을 명심하자. 그런 대신, 당신의 상황이 얼마나 급한가에 따라 조언자들과 전화통화를 하거나 만나게 될 것이다.

● 얼마나 자주 조언자 그룹의 성원을 바꿔야 하는가?

조언자 그룹의 구성과 성원의 자격은 당신의 인격적인, 직업적인 성장에 따라 여러 번 바뀔 수 있다. 당신이 어떤 기술들을 습득해야 할 필요가 덜해지면 자연스럽게 그룹의 성원에 대한 회의가 들 수도 있다. 대부분은 영구적인 조언자와 임시적인 조언자를 섞는다. 그리고 어떤 특정한 분야에 전문가가 필요하다고 느낀다면 그 사람을 그룹에 추가할 수도 있다.

● 조언자들에게 대가를 지급해야 하는가?

개인적인 조언자들은 직접적인 대가를 기대하지는 않는다. 조언자들을 식사에 초대한다거나 특정한 기념일에 선물을 하는 것도 좋고, 자선단체에 기부를 하거나 품앗이로 그들의 조언자 그룹에 참가하는 것도 고려해볼 만하다.

당신의 시장성을 높여라

잠시 짬을 내어 앞으로 2년 동안 당신의 경력이 어디에 도달해 있을 것인지에 대해 생각해보라. 이때 연봉과 다른 보상들, 직함과 책임, 사회적 위상을 고려해야 한다. 당신의 목표가 현실적이라면, 자신에게 이런 질문을 해보라. '이 목표를 실현하는 데 나는 충분한 자격과 교육, 훈련을 받았으며 경험을 쌓았는가?'

경우에 따라 다르겠지만, 당신의 정직한 대답은 '아니오'일 수도 있다. 만일 답이 반대라면, 이미 당신은 목표를 성취한 것이다. 그렇다면 목표하는 지점에 가려면 무엇이 필요한가? 여기에 대한 답을 구했다면 자신에게 가장 중요한 두 가지 질문을 해야 한다.

- 이 모든 기능과 교육을 성취함으로써 내가 다음 수를 놓을 수 있을 정도로 시장성을 갖추게 될 것인가?
- 내일 점심을 먹고 나서 상사가 15분 만에 짐을 싸라고 한다. 여기에 재빨리 대응하고 거뜬히 그 상황을 헤쳐갈 수 있는 위치에 도달할 수 있게 해줄 수 있는 다른 교육과 경험이 있는가?

자신의 시장성을 높이려고 해야 할 것 중에는 외국어 강의를 수강하는 것부터 MBA 공부에 이르기까지 다양할 것이다. 노력은 거기서 끝나서도 안 된다. 어떤 일을 진행하고 있는데 당신이 아는 것과 만나야 할 사람들, 지식의 깊이를 끊임없이 증진시키고 업그레이드한다고 해보자. 자신의 이력을 증진시킬수록 회사의 합병이나, 그 상황에서 부임한 새로운 상사, 현재 지위를 위협하는 감원을 목전에 두었을 때보다 빨리 대응할 수 있는 능력을 키우게 되는 것이다.

안나 하우저Anna Houser는 변화를 예감하고 자신의 능력을 갈고 닦았던 사람들의 좋은 예를 보여준다. 안나는 메이저 영화사 수석 부사장이었지만, 항상 영화 산업 현장에서 창의력을 발휘할 기회를 꿈꿔왔다. 경영진 참모로서의 일은 안나가 추구하던 창조적인 일에 도전할 기회를 제공하지 않았기 때문에, 자신의 목표를 추구하려면 회사를 떠나는 수밖에 없으리라고 예상했다. 그래서 안나는 UCLA의 영화 제작 코스에 등록했고, 회사의 여러 스튜디오에서 진행되는 촬영에 야간 근구를 마다지 않고 스텝에 자원했다. 10개월 후 안나는 영화학 준학사 자격을 땄을 뿐 아니라 많은 현장 경험도 쌓았다.

그런 어느 날 갑자기 안나의 회사는 경쟁회사에 넘어갔다. 안나는 회사를 인수한 측이 자기네의 경영진을 끌어들여 결국 자신은 일자리를 잃게 되리라는 것을 뻔히 알고 있었다. 영화학 준학사 자격과 제작 경험으로 무장한 안나는 새로운 사장에게 면담을 신청했고, 다큐멘터리 영화 부서에 성공적으로 안착했다. 회사의 다른 동료와 달리 안나는 경영 일선에서 영화를 만드는 창조적인 일로 전환하면서 회사가 머각되는 상황에서도 무방비상태가 되지 않았다. 안나의 동료 대부분은 그처럼 운이 좋지도 따르지도 않았다.

인맥을 지렛대로 활용하라

인맥을 넓히는 데는 시간과 집중점이 필요하다. 누군가를 꾸준히 만난다는 것은 어려운 일이지만, 이것 역시 탈출 전략에서 중요한 요소다. 누구나 인맥을 갖고 있으며, 핵심은 그것을 지렛대로 쓰는 법을 배우는 것이다.

인맥이란 무엇인가? 그것은 나를 다른 사람들과 이어주는 관계의 그물망이다. 당신이 회사의 어떤 부서에서 무슨 역할을 맡고 있건, 이미 연결을 시작할 수 있는 인맥을 갖고 있다. 정확히 말하자면 두 가지다. 당신은 공식적인 인맥과 비공식적인 인맥을 가진 것이다

공식적 인맥은 조직된 집단으로 구성된다. 교회나 업계 모임. 학교 동문회, 로터리 클럽 등이 여기에 속한다. 이러한 조직에 관여함으로써 당

신은 넓은 시야를 얻을 수 있다. 또 모임이나 행사에 참여해 쌓은 인간 관계를 통해 정기적으로 많은 정보를 얻을 수 있다. 물론 열심히 참가할수록 더 많은 정보와 기회를 얻게 된다. 임원이나 운영위원으로 봉사한다면 회원들에게 당신의 능력을 더 많이 보여줄 수도 있다. 당신의 노력과 열정, 발표력에 깊은 인상을 받은 사람들은 좋은 기회가 있을 때 그 사실을 당신에게 말해주고 싶어 하고 새로운 자리를 추천하고 싶어 하기 마련이다. 공식적 인맥의 독특한 가치는 회사와 무관한 사람들에게 당신이 일하는 모습과 당신이 뭔가를 해낼 수 있는 사람이라는 점을 보여줄 수 있다는 것이다.

비공식적 인맥은 같이 일하는 사람들과 맺는 더 느슨한 관계다. 여기에는 친구들, 지인들, 함께 점심을 먹는 동료 그리고 누구든지 당신과 소중한 관계를 맺는 사람들이 포함된다. 회사의 바깥에서 갖는 인맥은 사업상의 조언들, 소개, 추천, 부탁 등에서 훌륭한 정보의 원천이 된다. 회사 내부에서 맺는 관계는 사람들이 온갖 정보들이 소통되는 정보망이다. 이것은 당신에게 승진과 구인, 해고, 회사 내 권력의 이동을 알려주는 조기경보시스템이라고 할 수 있다. 비공식적 인맥을 이용하지 않고서는 당신의 관계망을 확장할 수 없다.

일레인 J. 아이젠만은 가끔 이렇게 말한다. 일레인은 이동할 준비가 되었을 때마다 자신이 가고 싶은 곳에 대해 세상에 알렸고, 세상은 답을 주었다는 것이다. 그러나 이 말을 쉽고 그럴 듯하게 들어서는 안 된다. 모두가 그렇게 되기는 어렵기 때문이다. 왜냐하면 일레인은 다음 수를 계획한 다음, 자신을 다음 단계로 이동하게 할 수 있는 사람 또는 그런 사람에게 다리를 놔 줄 수 있는 사람들을 선별한 다음에야 그 과정을 시작했기 때문이다. 이것이 당신이 인맥을 움직이는데 필요한 것이다.

마기 스턴버그Margie Sternberg는 한 메이저 통신회사의 인사 담당 부사장이며 젊은 축에 속하는데 강력한 공식적, 비공식적 인맥의 이점을 제대로 이용한 사람이다. 마기는 부사장에 취임하면서 이 자리에 10년만 머물겠다는 사실을 공공연히 밝혔다. 그러나 더 높은 책임과 자신의 분야에 대해 많은 것을 알고 싶었던 마기는 사장이 은퇴하기 전까지 땅짚고 헤엄치는 것은 시간낭비라는 현명한 결정을 내렸다.

마기는 항상 공동체 봉사에 높은 관심을 두고 있었고 수년간 지역의 수많은 자선단체 행사에 자원했다. 결국 회사 밖에서 많은 비공식적 인맥을 구축할 수 있었고, 이들에게 자신의 재능과 관심을 이용할 새로운 기회에 대해 물어볼 수 있었다. 그리고 인맥을 통해 뉴욕에 있는 큰 비영리 단체에 자리가 났다는 것을 전해 들었다. 마기는 예의 중개자들을 통해 그 단체의 대표를 만났다. 마기는 기금 모집에 대해 정식 교육을 받은 적은 없었지만, 인사 관리 경험, 자원봉사 활동, 전문적인 능력으로 봤을 대 최상의 후보였다. 몇 주 후, 마기는 새로운 자리에 안착했다.

헤드헌터회사도 인맥의 한 형태다. 다른 일을 찾고 있지 않을 때라도 헤드헌터들의 전화를 받으면, 반드시 이렇게 답하라. "문을 닫고 올 테니 잠시 기다려주세요."

정기적으로 헤드헌터들과 이야기를 나누는 것은 지렛대로 쓸 수 있는 인간관계를 맺는데 도움이 된다. 그리고 이것은 비공식적으로 시장조사를 하는 훌륭한 방법이기도 하다. 헤드헌터들은 수많은 사람을 만나기 때문에 온갖 중요한 정보를 알고 있으며, 때로는 그 사실이 공표되기 전에 업계의 변화나 새로운 경향을 알게 되는 일도 있다. 그러나 헤드헌터들의 전화를 받고 당신이 아는 정보를 그들과 공유하기 전에는 그러한 정보에 접근할 수 없다. 만약 당신이 아는 사람이 새로운 일자리를 찾고 있거나 회사의 어떤 임원이 최근에 해임되었다면, 그런 정보를 헤드헌터에게 제공하라(물론 그 정보는 독점적인 가치가 있어야 한다). 이러한 관계를 개발하고 유지하는 것은 당신의 탈출 전략에서 또 다른 핵심적인 부분이다. 언젠가 도움이 필요할 때 그들이 당신의 다음 일자리를 추천해 줄 수도 있기 때문이다.

인맥을 쌓는 데는 여러 가지 방법이 있다. 다음은 우리가 즐겨 쓰는 두 가지의 방법이다. 그리고 이 방법은 반드시 통한다.

- 누군가가 명함이나 이메일 주소를 주면서 뭔가를 물어올 때 24시간 안에 그들과 만나고 그들의 요청에 응답하며 그들이 찾는 정보를 주려고 노력하라. 이것은 뭔가를 사려고 가게의 위치를 묻는다든가, 식당의 주소, 동료의 전화번호를 묻는 것처럼 간단한 것일 수도 있다.
- 일주일에 한 번은 반드시 사람들과 친목 모임을 하라. 그것이 아침식사건, 저녁식사건 가릴 필요는 없다. 사람들을 만나 그들이 현재의 일자리를 어떻게 갖게 되었는지 물어보라. 방금 만난 사람들보다는 아는 사람을 초대하는 게 쉽다.

'방금 만난' 사람이 '아는 사람'이 되는 기준은 커피나 식사 한 끼라도 같이 했느냐의 여부다. 누군가를 만날 때마다 새로운 산업이나 회사에 대해 알도록 당신이 만나거나 전화를 해도 좋은 세 명을 추천받으라. 그런 다음 당신의 인맥이 얼마나 빠르게 성장하는지 지켜보라!

시작할 때 결과를 내다보고 협상하라

탈출 전략을 갖는 것만으로도 당신은 위험을 감수할 수 있는 용기를 얻게 되고 더욱 효율적인 리더가 될 수 있다. 그리고 당황스런 상황에서 일어나는 일을 통제할 수 있다면 심리적·재정적 안정도 얻을 수 있다. 여기서 우리가 이야기하고자 하는 것은 사직 계획이다. 일자리를 떠나면 바로 재정 문제가 치고 들어온다. 예를 들어 새로운 벤처회사나 구조조정 중인 회사에 들어갔을 때, 또는 일이 제대로 풀리지 않아 지출이 늘어날 것에 대비할 수 있어야 한다.

이것은 우리가 '회사와의 결혼 계약'이라고 부르는 것이며 궁극적인 생존 무기이다. 이것은 결혼 계약과 별반 다르지 않으며 세부적인 내용에서도 기본적으로 같다. "우리는 모두 다음과 같이 서약한다. 우리는 생산적이고 성공적인 관계와 훌륭한 파트너십을 계획한다. 그러나 계획한 대로 일이 진행되지 않으면 우리는 '이혼' 조항에 동의한다."

불행하게도 너무 많은 수의 관리자와 임원은 이 길로 가기를 꺼린다. 그들이 '이혼' 조항을 맨 앞에 놓기를 꺼린다는 것은 다음의 세 가지를 뜻한다.

1. 그들은 새로운 조직을 신뢰하지 않는다.
2. 그들은 새로운 사장을 신뢰하지 않는다.
3. 그들은 새로운 역할에서 성공할 거라고 믿지 않는다.

진실로부터 더 이상의 사실을 끌어낼 수는 없다. 미리 계약 조항을 합의하면 관계된 모든 사람들은 열린 태도를 보일 수 있고, 고용인과 피고용인 모두 서로의 기대에 대해 더 잘 이해하는데 도움이 된다. 사직 계획을 맨 앞에 두고 협상하는 것은 당신이 쓸 수 있는 가장 현명하고 높이 평가할 수 있는 전술이며 많은 장점이 있다. 물론 가장 뚜렷한 장점은 이 전술이 당신의 탈출 전략을 거의 방탄복 수준으로 만들어 준다는 것이다.

한편 회사에 들어가면서 객관적인 제3자를 협상에 끼워넣는 것도 현명한 방법이다. 대리인을 두고 있지만 않다면, 변호사나 재정 조언자를 고려해볼 만하다. 여기서 주의할 점은 당신의 이해를 대변해줄 회사 밖의 사람이어야 한다는 것이다. 이 사람의 역할은 공격이나 방어가 아니다. 물론 새로운 사장이나 회사의 인사관리 담당자가 제3자가 끼는 것을 반대할 수도 있다. 이럴 경우, 고용 협상이 감정적으로 흐를 수 있고 누군가가 감정의 충돌을 막아줄 수 있었으면 좋겠다고 말하는 것이 좋다.

만약 어떤 이유로든지 일을 시작하기 전에 회사와의 결혼 계약에 관해 협상을 하지 못했다면, 회사의 해고 정책을 살펴봐야 한다. 회사와의 결혼 계약에 대한 것처럼, 해고 정책을 보고 싶다는 제안은 당신에게 신뢰나 열정이 부족하다는 표시로 보이지 않는다. 당신은 근면하기 때문에 이렇게 하는 것이며, 이것으로 새로운 사장에게 당신이 신뢰할 만하고 안정된 사람으로 보일 수 있으니 껄끄러운 질문을 하는 것을 두려워하지 마라.

샘 에일러는 어느 대기업의 고용 계약서에 서명하기 전에 회사와의 결혼 계약을 성공적으로 협상했다. 그리고 이것으로 자신의 경력을 보호할 수 있었다. 샘은 경영 컨설턴트로 수년간 일했고 그러다 한 고객으로부터 회사에 들어와 달라는 제안을 받았다. 생활용품을 생산하는 메이저

업체의 수석 부사장이 되어 달라는 것이었다. 샘은 수년 동안 자신의 자문에 대해 인상 깊어 하던 회장을 위해 일할 수 있게 된 것이 기뻤다. 그가 이 회사를 위해 그간 해온 것은 전략 계획이었고 어떤 대상자들보다 자기가 가야 할 자리와 그 책임에 대해 잘 알고 있었다. 그는 자기를 위해 새로 만들어진 자리를 진취적이고 유망한 기회로 보았지만, 컨설턴트로서의 일을 접기 전에 변호사에게 세부적인 계약조항의 협상을 의뢰했다. 그가 보기에 자신의 사업을 끝내는 것은 심각한 위험을 안는 행위이기 때문이었다. 그리고 회사 측에서도 부담을 분담해준다면, 누구나 새로운 자리에서 더 잘할 수 있는 욕구가 생기고 자극을 받을 수 있기도 하다는 이유도 있었다.

일을 시작한 지 3개월째, 샘은 뭔가 크게 잘못되었다는 것을 깨달았다. 그가 지휘하는 새로 꾸려진 팀은 끊임없이 장애물에 부딪혔고 일은 답보상태였다. 그는 관습에 사로잡힌 회사 문화 때문에 회장이 약속한 방향대로 사업을 밀고 나갈 수 없다는 것을 알게 되었다. 최악은 경영진의 지원마저도 변변치 않다는 것이었다. 이것은 분명히 그가 계약한 일이 아니었다. 샘은 두어 달 더 버텨보기로 했지만, 6개월이 지나자 상황은 더 나빠졌다. 그의 회사와의 결혼 계약은 무용지물이 되었기 때문에, 샘은 회장에게 사직서를 내고 사직 계획을 실행하기로 했다.

여기서 얻을 수 있는 교훈은 간단하다면서도 명확하다. 당신이 새로운 직함과 역할을 맡을 때 아무리 악수를 세게 했더라도 맨 처음 퇴직 조건에 대해 협상하는 것은 표준처리절차가 되어야 한다는 것이다. 이것은 당신의 미래를 위험에 빠뜨리지 않는 방법이다.

 체크 포인트

1. 탈출 전략을 세우는 것은 당신이 변화를 관리하고, 자신감을 높여주며, 직업적인 삶을 조정할 수 있게 해준다.

2. 탈출 전략과 사직 계획을 혼동하지 마라. 이 둘은 같지 않다. 탈출 전략은 '다음 단계'를 위한 정식 계획이다.

3. 끊임없이 당신의 탈출 전략을 개정하고 가다듬고 업데이트하라. 그것은 한 번에 갖출 수 있는 게 아니다.

4. 적어도 실직 기간을 1년 정도 내다보고 재정을 비축하라. 이것이 탈출 펀드이다.

5. 찾아갔을 때 도움을 줄 수 있는 조력자들의 위원회를 구성하라.

6. 당신의 직업상 시장성을 높이도록 일하라.

7. 당신의 공식적·비공식적 인맥을 지렛대로 이용하라.

8. 새로운 일을 시작하기 전에 회사와의 계약에 대해 협상하라.

2 권력의 법칙을 지배하라

축하한다! 당신의 능력과 권한을 인정받았고 이제 쇼를 계속하면 된다. 자신이 있는 곳을 정확히 알게 되었을 대 얼마나 자축을 하고 싶은지 우리는 안다. 그러나 아직 그럴 때가 아니다. 그래도 참을 수 없다면, 조용하게 축배를 들되 회사에서 멀리 떨어진 곳으로 가라. 이미 한동안 임원 전용 화장실을 써왔건, 간부 역할이 처음이건 당신은 들뜬 기분이기도 하고 한편으로는 염려가 되기도 할 것이다. 그것은 지극히 정상적인 현상이고, 당신이 높은 지위로 계속 올라가려고 한다면 그 기분에 익숙해지는 게 좋다. 물론 조직의 고위층이나 사장실에 가까워질수록 판돈은 커져 가고, 경쟁은 거칠고 치열해진다. 그리고 실수는 더 많은 고통을 요구한다.

우리의 경험에 비춰봤을 때, 새로운 성공에 너무 젖어 있다 보면 지휘할 준비를 하지 못할 수도 있고 자신의 책임을 제대로 이해하지 못할 수도 있으며, 따라서 변화하는 환경에 무방비로 노출될 수가 있다. 그리고 이러한 준비를 할 시간은 한정되어 있다. 그러니 겸손과 감사의 마음으로 축하 인사를 받아들이고 앞으로 나가자.

현명한 출발

새로 승진한 관리자 대부분은 새로운 자리에 카우보이처럼 빵! 하면서 뛰어들어야 한다고 생각한다. 그 때문에 그들은 수시로 직원회의를 소집하고, 팀원들을 평가하기 시작하며 보고서의 통계 수치까지도 꼼꼼히 따진다. 그러나 첫발을 내딛다 휘청하는 것보다 나쁜 일도 없다. 관리자로서 당신이 최우선 과제로 올려두어야 할 몇 가지를 제안한다.

1. 잠시 멈추고 경영진에서 왜 당신을 그 자리에 앉혔는지 생각하라.
2. 당신이 가진 힘의 원천은 당신에게 보고하는 사람에게서 나온다는 것을 염두에 두라.

이제 왜 이 두 가지가 중요하며 그것을 무시하면 어떻게 거꾸러지는지를 살펴보자. 집중하라. 그렇지 않으면 그토록 듣고 싶어 하는 빵! 소리가 오히려 승진할 수 기회가 날아가는 소리가 될 수 있다.

왜 나인가?

당신이 지금의 자리에 있게 된 까닭은 매력이 있어서도 잘 생겨서도 아니다. 경영진이 그 자리에 앉힌 까닭은 당신이 그 일에 필요한 능력을 갖추고 있다고 생각했기 때문이다. 따라서 서둘러 그 자리가 어떤 자리인지 그리고 해내야 할 일이 무엇인지 정확하게 파악하는 일은 당신에게 달렸다. 그렇게 하지 않으면 당신은 성공을 가늠할 길이 없으며 이후의 상황에서도 무방비상태가 될 가능성이 엄청나게 커진다. 자신에게 해야 할 질문 몇 가지를 모아봤다.

- 나를 이 자리에 앉힌 것은 내가 현 상태를 고칠 수 있으리라고 판단한 까닭일까?
- 나를 이 자리에 앉힌 것은 현 상태를 유지하기 위해서일까?
- 내가 이 자리에서 해야 할 것은 개조하거나 대개혁, 혹은 다시 시작하려는 것일까?
- 경영진이 원하는 것은 협상가인가? 외교관인가? 칼을 빼어 든 사람인가?
- 경영진은 성공을 어떻게 정의하고 있는가? 내가 상대해야 할 어떤 목표들이 있는가? 윗선에서는 얼마나 빨리 결과를 보고 싶어 하는가?

될 수 있으면 빨리 당신이 왜 그 자리에 갔으며 행군 순서가 어떻게 되는지를 파악하는 것은 필수적이다. 성공하려면 부임 첫 90일에 대한 계획이 있어야 하고, 이러한 질문들에 답을 하지 못한다면 실현 가능한 계획이 나올 수 없다. 목적지와 목표물을 알고 있다면 당신은 더욱 효율적으로 업무를 진행할 수 있으며 새로운 상사들에게 그들이 제대로 선택한 판단이었다는 자신감을 줄 수 있다.

권력은 중력의 법칙을 무시한다

학교에서 배운 액체의 성질과 다르게 권력은 위로 흐른다. 왜 이 사실이 당신에게 중요한가? 리더는 진공상태에서 되는 게 아니다. 당신을 위해 일하는 사람들이 당신의 비전에 투자하지 않고 리더로서 신뢰하지 않으면, 임무를 완수하는 데 필요한 지원을 절대로 받을 수 없다. 이것은 매우 중요한 사안이다. 만약 당신의 뒤를 따르며 전쟁을 수행할 군대가 없다면 결국 실패할 것이다.

좋다. 이제 당신은 왜 그 자리에 갔는지 안다. 그리고 어떻게 평가받을 것이며 혼자서는 일을 할 수 없다는 것도 안다. 이제야 첫 번째로 직원회의를 열 순간이다.

코스를 정하라

전임자가 떠난다고 발표한 순간부터 정식으로 취임하기 전까지, 기존의 조직 구성원들은 당신이 누구인지 그리고 과연 '그분'이 오실 것인지 조마조마해한다. 내부에서 승진한 경우라도 새로운 부하들은 당신이 세울 목표와 기준들을 모를 수도 있다. 이런 문제를 해결하고 부하들의 조바심이 줄어들 때까지 사무실은 술렁인다. 제대로 된 정보가 없으면 사람들은 자기 나름대로 설명하는 경향이 있다. 그리고 불확실한 순간이 길게 지속될수록 그렇게 지어낸 사실들은 확고해진다. 혼란과 잡음을 없애려면 처음부터 확실하게 당신의 계획은 무엇이며 그들에게 원하는 바가 무엇인지 밝혀야 한다. 대책 없이 혼란이 수그러들기를 기다리면, 당신은 자신의 비전과 전략에 집중하는 대신 귀중한 시간을 소문을 진압하는데 낭비해야 할지도 모른다. 목표를 명료화하는 방식은 리더십 스타일을 규정하고 부하들에게 당신 밑에서 일하는 것이 어떨지에 관한 신호를 보내준다.

새 관리자가 부하를 처음 대할 때 유용한 몇 가지 접근 방식을 소개한다.

1. 전체 회의를 소집하라 CBS에서 임원으로 일했던 낸시 C. 위드만은 우선 자신에 대해 물어볼 것이 많을 것이며, 어떤 사람들은 동료가 보는 앞에서 일어나 곤란한 질문들을 던지기도 한다는 것을 알고 있다고 팀원들에게 밝혔다. 그리고 낸시는 문답 시간을 마련하여 새로운 부하직원들이 토론하고 싶어 하는 광범위한 주제들에 대해 묻고 답을 했다. 이 과정에서 허심탄회한 분위기가 마련되어 긴장을 많이 늦출 수 있었다. 또한, 이 시간은 그렇게 하지 않았으면 덮어둘 뻔했던 질문들까지 나오게 하였다.

2. 혁신을 장려하라 에이미 코플란은 뉴욕의 비영리연구소 중역이었던 앨리스를 만났다. 앨리스는 새 직장에 출근하면서 모든 직원들에게 이렇게 천명했다. 이미 시작되었든지 입안 중이든지 간에 모든 계획은 시험 프로그램으로 여겨야 한다. 즉, 이러한 계획들의 결과가 미리 잘 검토되었다면, 애초의 계획이 실패로 돌아갔더라도 그 자체로 배움의 경험이 될 수 있으며 성공하지 못했다는 이유로 담당자를 비난하는 것은 안 된다는 거였다. 앨리스의 의도는 자신의 직원들 모두 팀의 성공에 투자했다는 생각을 하고, 현상태에 대해 기꺼이 사고하고 대안을 제시하며, 설레는 마음으로 출근하는

풍토를 만드는 것이었다. 앨리스는 성공했다. 물론 그 와중에 실패
도 있었지만, 홈런을 치고 시작하는 것 이상이었다. 무엇보다도 혁
신의 분위기가 무르익은 환경을 만들 수 있었다.

3. 리스크 감수를 지원하라　컨설턴트였던 일레인 J. 아이젠만은 한
미디어 회사의 회의에 배석했다. 이 회의에서 그 회사의 사장은 새
로운 관리자들에게 부임한 첫 달에 새로운 사업을 모색하고 그 위
험을 감내하여 달라고 요구했다. 만약 시도가 실패한다고 해도 갈
채를 받을망정 비판받지는 않을 것이라는 말도 덧붙였다. 이 경영
자는 회사의 성장을 위해서는 신임 참모들이 새로운 기회를 찾아
시장을 헤매며 다니는 것이 필요하다고 여긴 것이다. 사장은 참모
들이 실패를 두려워하지 않고 자유롭게 높은 담장에 뛰어올라 위
험을 감수할 수 있도록 안전망을 마련해줬다.

명료성의 확보

위에서 언급한 세 가지 방식은 다소 비전통적이기는 하지만 좋은 결과
를 낳는 방법들이다. 한편 이 세 가지 방식에는 한 가지 공통점이 있다.
그것은 부하들이 성장하고 계산된 리스크를 감당할 수 있는 풍토이며
솔직하고, 신뢰가 넘치며, 명료한 분위기이다. 만약 팀이 가진 잠재력을
끌어내고 팀원들의 지원을 확보하며, 권력을 강화하려면 위와 같은 분위
기를 이끌어내야 한다. 그 반대(공포에 기반을 둔 환경, 메시지가 혼란하거
나 불명확한 환경)는 반드시 실패한다. 원하는 바가 뚜렷하지 않거나 비
밀주의에 젖은 리더들은 자신의 팀과 절대로 융합될 수 없기 때문이다.
　명료성에 대해서는 한 가지 중요한 점을 더 기억해야 한다. 어떤 리더

나 자신의 목표와 기대치를 잘 알고 팀원들에게 명확하게 제시할 수 있다. 그러나 상사에게까지 그렇게 할 수 있는 리더가 되는 것은 쉽지 않다. 만약 상위 관리자 층에 당신이 무엇을 하고 있는지 명확하게 보이지 않는다면(자신의 관점이나 다른 사람의 시각에서) 문제가 된다. 이런 경우(당신이 생각하는 것보다 많다) 명료성을 확보하는 것은 당신의 책임이 된다. 따라서 당신은 수시로 상급자들과 보조를 맞추고 관리해야 한다.

다른 한편으로는 상위 관리층이 조직적인 명료성을 제공하지 못하면, 오히려 팀의 리더들은 역할과 책임을 명확하게 알 수 없게 되며 이것은 효율적인 리더십을 훼손하는 지름길이다.

유리를 생산하는 한 대기업의 인사 관리는 원래 사내 대표 변호사이자 수석 부사장 댄 모랄레스Dan Morales가 수장인 법률팀의 몫이었다. 그러나 이사회의 강력한 권고를 받아들인 CEO는 법률팀으로부터 인사 부문을 떼어내 독립된 부서로 만들고 자신의 직속으로 두었다. CEO는 회사의 수석 변호사인 제인 마네스Jane Mannes를 이 팀의 수장으로 선택했다. 그러나 CEO는 정식 발표를 머뭇거렸는데 댄이 구조조정에 반대하리는 것을 알고 있었기 때문이었다.

제인은 관리자로서의 경험이 없었지만, 눈앞에 다가온 위험을 알아볼 정도의 분별력은 있었다. 그것은 자신과 참모들이 회사 내에서 확장된 역할에 대해 명료함을 확보하는 것이 중요하다는 것을 이해하고 있었고, 팀을 인솔하려면 권한에 대한 명확한 메시지를 확인시켜야만 한다는 것을 알고 있었다. 그리고 CEO로부터 권한을 확인받을 수 있다는 것도 알고 있었다. 만약 CEO의 공식적인 지원과 명확한 명령이 없다면 제인은 자신의 팀에게 지시를 할 수도, 최고 경영진이 제시한 목표들을 제시하기는커녕 내부적인 혼돈과 혼란이 만연하게 될 것은 자명했다.

그러나 CEO는 강력한 리더도 아니었고 대결 국면을 싫어했다. 때문에 제인은 직접 회사의 조직 개편에 대한 공식 발표를 준비해 CEO의 승인을 받았다. 공식적인 발표가 나기 전 제인은 댄을 만났다. 두 가지 이유에서였다. 첫째는 제인은 두 부서를 신속히 분리하는데 댄의 도움과 조언이 필요했다. 두 번째 이유는 댄이 무방비상태로 공식 발표를 듣지 않게 하기 위해서였다. 제인은 효과적으로 복잡한 상황을 처리하여 자신의 역할에 대해 비전을 명확히 하고 부서를 장악했다.

조직 생활을 이끄는 지혜의 기본은 무엇보다 자신의 역할을 확립하는 것이다. 제인의 예와 달리 대부분의 상사는 새로 부임한 관리자가 자리에 안착하여 영역을 장악할 수 있도록 도움을 준다. 그러나 이런 경우가 아니라면, 통제력을 확보하는 것은 당신에게 달렸다!

당신의 스타일을 정의하라

자신만의 독특한 관리 스타일이 다른 사람들에게 어떤 영향을 끼칠지 아는 것은 새로운 위치를 강화하고 새로운 역할에서 성공하는 데 중요한 요소이다. 만약 당신이 회사 고위층에 있다면, 이미 자신만의 잘 다듬어진 스타일을 갖고 있을 것이다. 그러나 부하들에게 그 스타일이 어떻게 영향을 끼치는지는 잘 모를 수 있다. 자신만의 스타일에 대해 이전 상사나 동료와 상의하거나 과

거의 솔직한 보고들을 참고하여 가다듬고 발전시키는 것은 권할 만하다. 또한, 배우자나 다른 가까운 사람들에게서 의견을 듣는 것도 고려해보라. 그들은 때로 다른 누구도 알지 못하는 귀중한 통찰을 준다. 이러한 사람들이 당신에 대해 어떻게 이야기할까?

- 리더로서 당신의 강점은 무엇인가?
- 리더로서 당신의 맹점은 어디인가?
- 어떤 유형의 사람들이 (고하를 막론하고) 당신과 일할 떠 효율적인가?
- 어떤 유형의 상사가 당신과 잘 맞는가?
- 당신은 구조를 중시하는가 또는 일상적인 업무 환경을 중시하는가?
- 오직 당신만이 스타가 되려고 하는가 또는 공을 세운 사람에게 상을 돌리는가?

만약 새로 부임한 자리에서 성공하고 싶다면, 자신의 관리 스타일을 알고 있어야 할 뿐만 아니라, 그것이 새로운 부하들에게 어떻게 작용할 것인가도 깨달아야 한다. 관리 스타일이 선임자와 명백히 달라서 부하들이 새로운 스타일에 맞춰야 한다는 것을 알고 있다손 치더라도, 우리는 당신의 스타일을 한 번에 하나씩 도입할 것을 제안한다. 우리의 친구인 찰리 스펜서Chalie Spencer의 예를 들어보자.

찰리는 오클라호마의 털사Tulsa에 있는 그래픽디자인회사에 사장으로 채용되었다. 이 회사는 영업팀과 디자인팀, 인쇄팀으로 구성되어 있었다. 찰리의 전임자는 해럴드 맥과이어크Harold McGuirk였고 20년간 사장으로 근무했었다. 해럴드의 관리 스타일은 격식을 차리고 엄밀하며 거리를 두는 것이었다. 만약 직원 중 하나가 해럴드를 만나고 싶다면, 시간 약속을 해야만 했다. 그는 자기 사무실을 거의 떠나지 않았고 부하직원들과 의사를 소통하는데 주로 인터컴을 사용했다. 그렇게 했어도 회사는 잘 운영되고 수익을 냈을 뿐만 아니라 직원들도 대체로 만족한 듯했다.

반면 찰리는 개방적이고 접근하기 쉬우며 친근한 성격이었다. 그는 해럴드를 흉내 내기보다는 자신의 스타일을 유지하기로 했다. 모두가 자신의 방식을 환영하리라 생각하고 그는 직원들에게 자신을 '찰리'라고 부르고, 질문이나 문제, 걱정이 있거든 언제든지 사무실에 '부담없이 들르라'고 했다. 첫날 그는 회사 안을 돌아다니며 직원들의 책상 앞에 서서 인사를 하거나 스스럼없이 사무실들을 방문했다. 이러한 접근 방식은 예전의 회사에서는 성공적이었기 때문에 새로이 일을 시작하는데 가장 좋은 방법이라고 생각했다.

그러나 찰리의 임기가 시작된 지 얼마 되지 않아 회사의 생산성은 급격히 떨어졌다. 디자이너들은 스케치를 멈췄고 인쇄 속도는 느려졌다. 영업사원들은 찰리가 들를 경우를 대비해 외부 약속을 적게 잡고 사무실에 남아 있으려 했다. 그리고 사장인 찰리가 기대하는 것이 뭔지 몰랐던 직원들은 그가 근처에 있을 때면 서류와 보고서들을 덮어버렸다. 찰리는 바보 취급을 받고 있었다! 마침내 찰리의 비서 팻이 용기를 냈다. 찰리에게 "당신이 모든 직원을 혼란스럽게 만들고 있다'고 얘기한 것이다.

좋은 의도가 있었을지라도 찰리는 너무 빨리 회사 문화를 바꾸려고 했다. 전임자인 해럴드는 냉담하고 거리감이 있는 사람이었지만 직원들은 적어도 그가 기대하는 바를 알고 있었다. 찰리는 예전 회사에서 성공적으로 팀을 이끈 스타일로 일을 시작했지만 부하들과의 관계에서 믿음과 신뢰를 쌓는 데는 시간이 걸린다는 것을 배웠다. 너무 빨리 움직이는 것은 노력하는 직원들을 좌절시키고 생산성을 올리기는커녕 떨어뜨리게 된다.

유감스럽게도 어느 조직에서나 성공적인 관리 스타일은 없다. 해럴드의 예에서 보듯이 어느 스타일이 효과적인가는 지도자의 신뢰성과 일관성에 달렸다. 앞서 예를 든 적이 있는 NBC의 임원 마리 메이슨Marie Mason은 자신의 스타일을 '합리적인 독재자'라고 표현했다. 마리는 직원들에게 모든 이의 아이디어와 업무에 관한 의견을 주의 깊게 듣겠지만 자신이 최선이라고 생각한 판단을 내린다는 것을 명확히 했다.

마리의 주위에는 항상 활발한 토론이 벌어졌지만 민주적인 투표는 절대 없었다. 마리에게는 합의로 회사의 한 부문을 성공적으로 운영할 수는 없다는 생각이 강했다. 마리의 경우 '합리적인 독재자'가 효과를 봤던 것은 그 자신이 치열한 경쟁이 벌어지는 비즈니스에서 다른 사람의 목소리를 들을 준비가 된 강력한 비전을 가진 리더였으나 궁극적인 책임은 자신이 져야 한다는 것을 아는 사람이기 때문이었다. 그 스타일은 회사의 기풍에 들어맞았다(기풍은 아마 회사의 문화, 회사의 외관, 평가 체계, 가장 중요하게는 회사가 비즈니스를 하는 방식으로 정의될 수 있을 것이다.

여기에 대해서는 제3장에서 보다 깊게 논의할 것이다).

감성 지능을 주제로 연구하는 대니얼 골만Daniel Goleman은 가장 효율적인 간부들은 일련의 행동지향적인 리더십 기술을 갖고 있음을 발견했다.[1] 이 기술들은 직원들의 요구와 당면한 상황에 기초해 있다. 이런 종류의 '상황적 리더십'은 산업심리학자 폴 허시Paul Hersey에 의해 더 발전하였다. 그는 가장 효율적인 지도자들은 자신의 스타일을 따르는 자들의 능력과 준비에 따라 맞출 수 있다는 것을 발견했다.[2]

모른다고 말하는 법을 배워라

새로운 리더가 모든 답을 갖고 있을 필요가 없다. 사실 당신이 할 수 있는 가장 강력하고 의미심장한 언급은 '잘 모르겠다'이다. 모든 질문에 대한 답을 다 안다고 승진하는 사람은 없다. 승진하는 사람은 그러한 답을 어디 가서 찾아야 할지 아는 영리한 사람이다. 당신도 예외가 아니다. 회사나 조직의 사다리를 타고 올라갈 셈이라면, 특정한 기술이나 제품에 대한 지식 때문이 아니라 당신의 리더십과 전략적 사고, 노련한 판단력 때문이라는 것을 기억하라.

낸시 C. 위드만은 CBS 사장으로 재직할 당시 전국에서 사들이는 방송 장비들의 구매 결정을 끊임없이 승인해야만 했다. 각 방송국에 필요한 안테나, 조정실의 교환기, 디지털 부품 등. 낸시의 주 분야는 영업이었기 때문에 누구도 기술 전문가로서의 역할을 기대하지 않았다. 대신

---

[1] Daniel Goleman et al., *Primal Leadership: Realizing the Power of Emotional Intelligence* (Boston : Harvard Business School Press, 2002)

[2] Paul Hersey, *The Situational Leader* (New York : Pfeffer & Co., 19922)

기술 담당 부사장인 토니 마시엘로Tony Massiello는 기술 분야 전문가였기 때문에 그의 도움에 의존하여 장비 구입 결정을 내렸다 방송국 중 한 곳에서 장비 구입 요청이 올 때마다 낸시는 토니에게 두 가지의 질문을 했다. '그게 어떻게 생겼는지 10대 1 비율로 그림을 그려 주겠어요?', '그런데 이 장비가 그 방송국의 성공에 얼마나 중요하지요?'였다. 토니의 지식과 경험에 기초한 낸시는 자신이 올바른 판단을 내리고 있다고 확신했다.

이 이야기는 두 가지 중요한 원칙을 보여준다. 첫째, 당신이 모른다는 것을 인정하라. 둘째, 그 답을 찾는데 신뢰할 수 있는 사람을 찾아라.

모른다는 것을 인정하면 당신의 관리 능력을 위험에 빠뜨리는 것은 아니냐고 걱정할지 모른다. 그렇지 않다. 영화 〈더티 해리Dirty Harry〉에 나왔던 클린트 이스트우드Clint Eastwood의 대사를 바꿔보면 "당신은 자신의 한계를 알아야만 한다."

정직하게 모른다고 인정하면 당신에게 엄청난 신뢰를 안겨준다. 그리고 부하들은 당신이 모든 답을 갖고 있지 않다는 사실을 알고 있다는 점을 높이 평가할 것이다.

텔레비전 네트워크의 전직 경영진이었던 어떤 이는 회의석상에서 어떤 것에 대해 제대로 알고 있지 못하면서 마치 안다는 듯이 고개를 끄덕이며 앉아 있어서는 절대 안 된다고 말하곤 했다. 그런 행동은 당신을 똑똑하게 만들어주기는커녕 오히려 바보로 만든다. 그는 만약 불확실함이나 오만이 길을 막는 것을 내버려두면, 투명성과 정직으로 팀을 이끌 사람이라는 신뢰를 결코 받지 못할 거라고 주장한다. 여기에서 핵심은 무지를 숨기는 것이 아니라 당신의 능력과 부족함에 더해 솔직해지는 것을 충성을 이끌어내는 수단으로 삼으라는 것이다. 서로 존중하는 환경에 무대를 차리는 사람은 바로 당신이다.

한편 질문을 하는 것이 또 하나의 중요한 전략이기는 하지만 그 대답을 제대로 듣지 않으면 당신은 눈뜨고도 보지 못하는 상황에 빠지게 된다. 우리는 그런 척하려고 듣는 시늉만 하는 리더들의 예를 봤다. 만약 리더가 그렇게 하면 신뢰의 풍토를 확립하는 것은 거의 불가능하다. 현명한 행보는 항상 주의 깊게 듣고 당신에게 들어오는 제안들을 평가하며 바른 판단과 목표를 성취하는데 가장 중요한 수단이 무엇인지를 결정할 수 있는 정보를 얻었다는 것을 확인하는 뜻에서 후속 질문들을 하는 것이다.

이것은 마크 러바인Mark Levine이 배우지 못한 교훈이다. 마크는 필라델피아의 선물용품 생산 회사에서 일하는 매우 유능한 사람이었다. 10년이 넘는 기간 그는 꾸준히 진급하여 마침내 사장의 자리에 올랐다. 그리고 바로 그때 과거가 그의 발목을 잡았다.

문제는 마크가 그동안 직원들의 말을 듣는 척할 뿐이라는 평판을 꾸준히 키워왔는데 있었다. 그는 문제를 겪는 부서에 달려들어 수천 개의 질문을 퍼붓고 직원들을 활기차게 한다. 그런 다음 그는 자신이 과거에 해왔던 방식에 따라 명령을 내리는데 다른 사람의 아이디어나 조언을 채택하는 경우는 거의 없었다. 또한, 누군가의 아이디어를 채택하더라도 그 사람에게 공을 돌리는 법도 없었다. 그가 작전에 참여한 것은 단 한 가지의 목적, 승진을 위해서였던 것이다.

마크의 전략은 기본적으로 참여하는 체하며 새로운 팀을 장악하고서 실수에 대한 책임을 져야 할 때 떠나는 방식이었다. 뒤에 남은 직원들은 다음 프로젝트로 옮겨 간 다음에야 그가 자신들의 말을 전적으로 무시했다는 사실을 깨달았다. 그는 때로 성공적인 결과를 남긴 후 부서를 떠나기도, 그렇지 않기도 했지만 어느 경우건 자신의 지문이 남지 않게 주의했다. 직원들은 그가 예전의 부서에서 보냈던 기간을 회사와 벌인 하룻밤의 풋사랑으로 보았다. 사장 자리에 오를 때쯤 마크는 이미 수많은 다리를 불사른 다음이었고 자신의 성공에 절실하게 필요한 팀원들을 모을 수 없었다. 결국 마크는 해고되었다.

마크가 조금만 더 현명했더라면, 그런 일이 벌어질 것을 알았을 것이다. 리더의 자리에 오르면 모른다는 것을 인정하고 물어보며, 부하들의 말을 경청하고, 참모들의 제안을 받아들임으로써 당신의 자리를 강화해야 한다. 이것은 전적으로 존중의 문제다. 회사 역사에 대한 존중, 주위에 있는 사람들의 재능과 성취에 대한 존중, 가장 중요한 것은 당신의 목표를 성취하고자 함께 일하는 사람들에 대한 존중이다.

모래 위에 남은 발자국에 주의하라

당신은 전임자로부터 책상뿐만 아니라 모종의 유산을 물려받는다. 그것은 요술 망토일 수도, 때로는 후광일 수도 있다. 그러나 자신의 표지를 확립하기 전까지는 재임 기간 내내 전임자의 유령이 여기저기서 출몰한다.

누구나 자신만의 독특한 경력을 갖지만, 우리는 리더의 대부분이 다음의 세 가지 유형 즉, 실패자, 죄인, 전설적 인물 중 하나에 속한다는 것을 알게 되었다.

우리가 여기서 극단적인 예를 드는 것은 분명하다. 그러나 이러한 인간 유형을 알아두면 전임자가 어떤 식으로 당신이 물려받은 직원들에게 영향을 끼쳤는지 훨씬 잘 이해할 수 있다. 또한, 구체제에서 신체제로 이행하는 가운데 사람들을 이끄는 것이 얼마나 쉽거나 어려운 일인지에 대한 귀뜸도 해줄 것이다.

예를 들어 당신은 자기 몫도 못하고 비전도 없으며 사교적 능력도 없을뿐더러 서류봉투로부터 헤어나지 못한 리더가 하던 업무를 이어받았다고 하자. 또는 당신은 한 전설적 인물의 뒤를 따르게 될 수도 있다. 그가 만나는 모든 사람으로부터 존경받은 리더였다고 하자. 사람들 대부분은 연약하며 매번 곤경에 빠져 실패했을 뿐 아니라, 심지어는 비윤리적이기까지 한 전임자의 자리를 대치하는 것은 식은 죽 먹기라고 생각한다. 믿기 어렵겠지만, 가장 승계하기 어려운 유산은 나쁜 놈이 아니라 영웅이 남긴 것이다. 우선 실패자였던 리더를 승계하는 경우부터 살펴보자.

실 패 자

우리는 실패자를 능력 없는, 뭔가 부족한 사람이라고 생각한다. 또 그들은 대개 관리 능력이 없는데다 결단성이 없고 사람들로 하여금 자신의 결점을 덮게 하고 최악의 상황은 자신의 몫을 하지 못한다. 그들은 게임에 대한 계획도 거의 없으며 부하직원들은 항상 방향을 종잡을 수 없어 헤맨다. 실패자가 이끌던 팀에는 어떤 흉터가 남을까? 변덕스럽고 우유부단했던 전임자 덕에 당신이 승계받은 직원들은 그와 비슷하게 머뭇거리고 불안정할 것이다. 이전 상사에게 변명만을 일삼던 직원들은 당신에게도 속시원한 답변을 주지 않을 수도 있다. 기본적으로 리더십 공백 상태에 익숙한 팀원들은 위와 같이 행동한다. 그 중 일부는 의도적으로 생존에 초점을 맞추기도 하고 다른 이들은 기능불능 상태이기도 하다.

이런 가운데 잘못 운영되어 왔거나 기능을 상실한 조직에 하루 빨리 복구하려는 방식으로 접근하는 실수를 범하지 않아야 한다. 특히 예전 상사를 감싸던 직원들은 새로운 사람이 자신의 권력을 빼앗아 가리라는 강박감에 사로잡혀 있을 수도 있다. 그 때문에 그들은 갑자기 부여된 규정들에 반기를 들 수 있다. 예전에 그러한 규정들이 없었을 때는 더 그렇다. 따라서 실패한 리더를 성공적으로 승계하는 방법을 다음과 같이 제안한다.

- 작든지 크든지 직원들의 성취를 칭찬하고 인정하라. 그들은 인정에 목말라 있다.
- 각 팀원에게 어떻게 하면 팀의 실적을 향상시킬 수 있을 것인지에 대한 설명하도록 고무하라. 이것은 팀원 각자에게 자신의 일에 대한 자부심을 불러일으키고 궁극적으로는 충성을 가져온다.
- 실적의 기대치와 인센티브를 명확히 규정하라. 포상을 받은 적이 거의 없는 팀에게 이러한 접근은 일보전진을 위한 기회가 된다.
- 새로운 직위를 부여하거나 예기치 못한 보너스를 통해 평균보다 높은 실적을 올린 사람을 인정해주라.

죄 인

누구나 쉽게 알 수 있듯이 죄인은 비도덕적이고 비윤리적이었기 때문에 얻은 평판이다. 죄인의 머릿속에 있는 사전에는 규칙이 없으며 규정보다는 인간관계에 초점을 두고 무슨 수를 써서라도 이기려고 한다. 이런 지도자가 재임하는 동안에는 집 안에 돈은 들어오겠지만, 어떻게 벌었는지는 물어보지 않는 편이 좋다.

이러한 죄인은 부하들에게 어떤 영향을 미칠까? 당신이 승계받은 팀원들은 불안정한 환경에서 일해왔다. 그 때문에 그들은 지켜지지 않는 약속에 익숙하며 편애로 차별을 받아왔으며 모든 일에 머뭇거린다. 그들은 상사가 싸우는 소리에 지쳤고 때로 험담이나 비아냥거림을 들어야 했다. 이들이 가장 두려워하는 것은 상사의 비행으로 오명을 쓰고 자신의 평판에 나쁜 영향을 끼치지 않을까 하는 점이다.

이러한 예를 가장 잘 보여주는 사건이 중서부의 한 대학 체육학과에서 벌어졌다. 납품업자로부터 리베이트를 약속받은 학장은 장비 구매에서 수의계약을 맺었으나 곧 농간은 드러났고 학장은 파면당했다. 그 순간, 학장과 함께 일했던 사람들은 모두 그와의 연관을 끊으려고 분투했다. 그들은 결백했지만 혐의를 벗는 데는 긴 시간이 걸렸다.

죄인의 자리를 이어받았다면, 전임자의 흔적을 지우려고 하기 전에 숨을 깊이 들이쉬어야 한다. 경영을 정상화시키려고 온 백기사 흉내를 내서도 안 된다. 과거의 죄과를 묻다 보면 묵은 상처를 헤집게 되고 치유 기간이 연장될 뿐 아니라, 그렇게 하면 할수록 직원들을 더 멀어지게 할 뿐 예전의 문화를 바꾸는 것도 더 힘들어진다.

어떻게 죄인의 자리를 성공적으로 승계하고 새로운 시작을 할 수 있을까? 우리는 다음 사항을 권한다.

- 신속히 신용과 믿음을 얻어라. 허용되는 행동과 행위에 대한 그림이 명확하게 그려지고, 당신이 원하는 비즈니스 방식이 확실해지면 직원들은 묵묵히 따르거나 움직여도 되는지 물어올 것이다.
- 과거의 잘못된 일을 인정하라. 이로써 솔직한 분위기를 만들 수 있고 비밀주의를 완화할 수 있을 것이다.
- 감정 이입을 통해 이끌어라. 팀원들은 이런 종류의 리더십을 경험하지 못했기 때문에 그들의 입장을 헤아리는 리더는 예전에 부서 내에 없었던 성실함과 정직함을 뿌리내리게 할 수 있다.

전 설 적 인   인 물

전설적인 인물은 의심할 바 없는 부하들의 충성과 헌신을 느린다. 이들은 회사에 유례없는 성공과 실적을 안겨준다. 이들 중에 어떤 이는 잭 웰치Jack Welch처럼 굉장한 카리스마를 소유하기도 하며 빌 게이츠Bill Gates처럼 겸손하기도 하고, 마사 스튜어트Martha Stuwart처럼 논란의 대상이 되기도 한다. 개인의 개성이 어떻든 전설적인 인물들은 항상 명확히 정의된 관리 스타일과 필적할 수 없는 성공으로 점철된 역사를 갖고 있다.

어떻게 전설적인 인물들을 승계하고 자신만의 발자취를 남길 수 있을까? 이것은 IBM의 CEO이었던 루이스 거스너Lou Gerstner의 뒤를 이은 샘 팔미사노Sam Palmisano가 앞둔 도전이기도 했다. 9년의 재임 동안 거스너는 회사의 주력 분야를 바꾸고 거의 단독으로 IBM의 붕괴를 막아냈다. 《코끼리를 춤추게 하라Who Says Elephants Can't Dance?》에서 거스너는 어떻게 IBM의 사업과 기업 문화를 정상화시키고 순익을 40퍼센

트나 증가시켰는지 설명하고 있다.[3]

닷컴 풍선의 바람이 막 빠지기 시작할 무렵 전설적인 거스너의 영역을 이어받게 된 샘 팔미사노는 운이 좋지 않았다. 또한, 그는 완전히 다른 경영 스타일을 갖고 있었다. 한 임원은 거스너의 매력을 묘사하면서 '지구 끝까지라도 기꺼이 따라갈 수 있는 지도자'라고 했지만, 동시에 형식을 중시하고 무뚝뚝하며 때로는 위압적인 측면도 있었다. 반면 팔미사노는 온화하고 품위 있으며 사귀기 쉬운 리더였다. 그는 만나는 사람 모두를 자기편으로 만드는 타입이었으며 고객과 직원들에게도 마찬가지였다. 회사 안팎의 사람들 모두 그와 함께 있을 때는 긴장을 풀고 편하게 느꼈고 대부분 '샘'이라고 불렀다.

역사상 최악의 기술주 하락 시대가 시작할 때쯤 IBM을 넘겨받은 팔미사노에게는 급진적 해결책이 필요했다. 거스너는 회사의 문화와 풍토를 극적으로 바꾼 선례를 남겼다. 그런 상황은 팔미사노에게도 역시 똑같은 일을 할 무대를 만들어주었다. 팔미시노는 새로운 사업 모델을 수립하고 추진하여 IBM에게 다른 회사들이 아웃소싱을 줄 수 있는 회사로 변환시켰다. 그것은 IBM이 10년 넘게 해왔던 데이터 센터들을 장악하는 것 이상이었다. 이제 IBM은 시스코Cisco에서 필립스Philips에 이르기까지 애프터서비스를 지원하고 있다. 현재 IBM은 51억 달러에 이르는 연구개발비 중 20퍼센트를 서비스 연관 연구에 투자하고 있다. 이것은 한때 기술 산업에서 했던 IBM의 주도적인 위치를 회복하는 것과 다름없었다.

[3] Louis V. Gerstner Jr., *Who Says Elephants can't Dance? Inside IBM's Historic Turnaround* (NewYork : HarperCollins, 2002)

팔미사노의 성공은 전설적인 인물에게서 리더십을 넘겨받을 때 그가 내렸던 핵심적인 세 가지 결정의 결과다. 그가 만들어낸 성공은 회사의 규모를 막론하고 전설적인 인물의 후임자로 자리에 앉게 된 사람들에게는 유용하게 쓰일 수 있다.

- 팔미사노는 자기만의 관리 스타일을 유지했고 거스너의 예를 흡수하려고 애쓰지 않았다.
- 팔미사노는 현재의 시장 상황과 경쟁 환경을 토대로 자기 스스로 회사를 위한 길을 정했다. 그는 과거의 찬란한 역사에 동요하지 않았다.
- 팔미사노는 회사를 지배하고 있던 '거스너는 이런 식으로 했다'라는 인식에 도전했다.

즉, 전임자가 직원들에게 계속해서 영향을 끼치더라도 당신이 성공할 수 있는 유일한 길은 공부하며 전임자가 남긴 유산을 이해하는 것이다. 이렇게 얻은 지식은 당신을 새로운 리더로서, 부임 초기 즈 원들을 마주한 들뜬 나날들과 함께 부하들을 한 방향으로 행군할 수 있는 결정을 내리는데 안내자가 되어줄 것이다. 쉬운 변화와 험난한 변화 간에는 차이가 크다. 가장 중요한 점은 공부가 한쪽으로 치우치는 공평하지 못한 견해를 막아준다는 것이다.

거울 속을 잘 들여다보라!
당신은 자신이 생각하는 그대로의 관리자인가?

대다수의 성공적인 리더들은 자신을 열정적이고 헌신적이며 추진력이 있다고 본다. 그러나 그들의 부하들은 때로 완전히 다른 평가를 내린다. 그들은 '열정적이고 헌신적이며 추진력 있는' 관리 스타일을 오만하고 권력을 휘두르며, 사기를 진작시키기보다는 겁을 주며, 고무시키기보다는 모욕적이고, 버팀목이 되기보다는 도움이 안 된다고 해석하기도 한다.

많은 리더는 자기합리화 이미지라 불리는 방어기제를 통해 자신에 대해 좋은 느낌을 유지하려고 한다. 〈리더십과 자기기만 Leadership and Self-Deception〉* 이라는 제목이 붙은 아빙거 연구소Arbinger Institute의 보고서에 의하면 지도자들은 이 방어기제를 자기 행동을 합리화하는데 쓸 뿐만 아니라 공격을 선제 방어하는데도 쓴다. 간략히 말하면, 그러한 리더들은 직원들이 참을 수 없다고 느끼는 어떤 행동을 자신만은 해도 된다고 확신한다.

수십 년을 비즈니스 현장에 있는 동안 우리는 네 가지 유형의 관리자들과 함께 일했고 지금도 그런 사람들을 보고 있다. 이들은 기본적으로 자신의 부하직원들에게 주는 부정적 영향을 전혀

* Arbinger Institute, *Leadership and Self-Deception*(San Francisco : Berrett Publishers, 2000)

인정하지 않을 뿐 아니라 그것에 무지했던 사람들이었다.

- 유독有毒한 관리자Toxic Manager　이들은 자신의 판단을 감에 의존하지만, 결정 내린 판단에 대한 이론적 근거를 설명하지 않거나 직원들이 그 계획을 실행하는 데 필요한 세부사항을 주지 않는다. 유독한 관리자는 이 길이 맞는 길이라고 느낀다며 무관한 과거의 성공 이야기를 늘어놓지만, 결국 모두가 극도의 실망감에 빠진다. 유독한 관리자는 자신이 진짜 문제라는 것을 거의 알아차리지 못하며 왜 자신의 주위에서 모든 것이 무너져 내리는지도 모른다. 그들이 유일하게 깨어나는 순간은 농구로 치면 3쿼터를 내리 내주고 나서다. 물론 이미 흐리멍덩한 실적에 대해 변명을 하느라 엄청난 시간을 보낸 다음이다.

- 비자 맨VISA Man　시카고의 한 투자 은행가의 예에서 나온 부류다. 그의 직원들이 이 별명을 생각해냈다. 물론 직원들은 이렇게 쓴 쪽지를 그의 등에 붙였다. 직원들의 눈에 그는 모든 것에 대한 공을 제 것으로 만들려고 했던 사람으로 보였다. 이 과정에서 그는 자신의 팀에게서 충성 받을 기회를 모두 없애버렸다.

- 테플론 맨Teflon Man　이 부류는 빠져나가기의 명수다. 왜 테플론(음식이 눌어붙지 않게 할 목적으로 사용한 합성수지로 미국 듀폰사에서 개발했다 – 옮긴이)인가? 이런 사람에게는 아무것도 눌어붙지

않는다. 프라이팬에 뭔가 떨어져 기름이 튀기 시작하지만, 그는 항상 희생양을 잘도 찾아낸다. 그가 재임하고 있는 동안 이직이 만연한다.

● 사람 좋은 사람Good Humor Man　동정심이 많은 부류다. 이 유형은 모두를 만족하게 하려고 노력하며 항상 잘못된 행동과 낮은 실적을 용서함으로써 감화시키려고 한다. 직원들의 눈에 이 사람의 판단이 잘못된 것으로 보여도 그의 온정적인 성향은 모든 것을 타협시켜 버린다. 결국 팀의 노력은 위험에 빠진다.

이 예들이 말하는 핵심은 무엇일까? 간단하다. 만약 자신이 훌륭한 관리자라고 생각한다면, 균형을 가지라는 것이다. 더불어 주위를 돌아보고 다른 사람들의 말을 들어보라. 때로는 다른 사람들의 이야기가 매우 당혹스러울 수도 있다.

당신은 동료 가운데서 선택되었는가?

당신이 어떻게 생각하든지 한 단계 승진한다는 것은 기본적으로 책임자의 위치에 올라섰다는 것을 의미한다. 끊임없는 동료와의 경쟁을 통해 당신은 이긴 것이다. 그리고 이제 바로 옆에서 근무하던 하나 혹은 그 이상의 사람들이 당신에게 업무보고를 하게 되었다. 새로 부하가 된 사람이나 이전의 동료가 동맹군이 될 것인지 적이 될 것인지는 전적으로 당신에게 달렸다. 당신도 상상할 수 있는 것처럼 지금은 '왜 그걸 몰랐을까'의 순간이 충분히 올 수 있는 상황이다.

만약 당신이 이러한 상황에 있다면, 함께 일했던 사람들과의 관계 역시 변화한다는 것을 상기하는 것이 필수적이다. 예전에 동료였던 사람들에게 그 상황이 받아들이기 힘들지라도 당신은 이제 그들과 스스럼없이 어울릴 수 없을 뿐만 아니라, 이제 옛날 패거리와 같이 행동하고픈 유혹도 이겨내야 한다. 물론 가끔 점심을 함께 먹는 것은 상관없지만 분명한 선을 그을 준비를 해야 한다.

새로운 리더가 된 당신은 존경(당신은 자격이 있다)과 헌신, 높은 실적을 바란다. 그리고 이것들을 성취하는 가장 좋은 방법으로 모두가 당신을 좋아하게 만드는 것으로 안다면, 다시 생각하라. 그것은 급선무가 아니다. 물론 부하가 상사를 존중하고, 상사가 부하의 공헌을 귀중하게 여긴다면 가장 이상적인 상황임에는 틀림없다.

메리 차코프스키Mary Chakowski의 이야기는 승진했을 때의 위험을 몰랐기 때문에 어려움에 처한 좋은 예다. 메리와 동료 밥 터너Bob Tuner는 뉴욕의 한 광고회사에 근무하고 있었는데, 둘은 수석 부사장 조 오헤어 Joe O'Hare의 휘하에 있었다. 조는 회사에 수년 동안 재직하고 있었지만, 그의 리더십에 문제가 발생해서 가장 큰 고객을 잃을 위기에 처하게 되었다. 메리와 밥은 위험을 감수하고 CEO에게 현 상황을 보고했다. 대답은 조를 해고하고 메리를 대신 그 자리에 앉히는 것이었다. 메리는 사실상 밥을 누르고 승진한 것이다. 어쨌거나 메리는 밥에게 자기 팀의 요직에 남아 달라고 부탁했고 둘은 직원과 예산, 업무에 관해 많은 회의를 갖는 등 그들의 비즈니스 관계는 예전처럼 계속되었다.

취임한 지 몇 주가 지나 메리는 인사 담당 부사장이 소집한 회의에 참석했다. 그 자리에서 메리는 소스라치게 놀랐다. 밥이 메리를 성희롱으로 제소한 것이었다. 밥은 증거로 많은 저녁식사 자리와 사적으로 나눴던 속내 말, 밤늦은 전화 등을 열거했다. 메리는 강하게 반발했다. 메리의 참모들을 청문한 결과 밥의 주장은 근거가 없다는 것이 드러났다. 그러나 메리와 밥의 신뢰는 깨졌고, 메리는 밥에게 회사를 떠나달라고 말해야 하는 언짢은 임무를 떠안았다.

비싼 대가를 치른 이 소동 이후 메리가 팀에 대한 통제력을 다지기까지는 몇 달이 더 걸렸다. 메리의 실수가 처음 관리자가 된 사람들에게 매우 흔한 일이라는 것을 고려한다면, 이 이야기를 주의해서 들어야 한다.

넓은 관점에서 보면, 예전에 같은 위치에 있던 사람이 가진 상실감, 상처입은 자아, 실망감, 억제할 수 없는 공명심은 전혀 예상하지 못한 결과로 나타날 수 있다. 그들은 갑자기 동료에서 상사와 부하의 관계가 된 것이다. 새로운 관계를 받아들이기 거부하는 사람들을 조심해야만 눈 뜨고 당하는 경우를 미연에 방지할 수 있다. 만약 팀원 중 누군가가(새로운 직원이던지 예전의 동료든지 간에) 당신의 승진을 마뜩찮게 여길 경우, 그와 관계를 끊는 것이 좋다.

사소하더라도 부분을 보라

우리는 당신만이 지닌 뛰어난 재능을 잘 발휘해서 승진했다고 믿고 싶지만, 다른 요소들이 거기에 영향을 끼친다는 점 역시 간과할 수 없다. 특히 당신이 남들에게 어떻게 보이느냐는 문제는 중요하다. 남들은 당신의 직함을 보고 하나의 메시지를 전달받지만, 더불어 당신이 말하는 모든 것과 입는 옷, 글씨에서도 메시지를 발산하기 때문이다.

당신은 거울에 비친 자신의 모습이 마음에 드는가? 그 모습을 바꿀 필요가 있다고 보는가? 그 모습은 당신이 만들어내고픈 인상을 보여주고 있는가? 혹시 사교술이나 테이블 매너 같은 강습을 받아볼 필요는 없는가? 관리자를 위한 코치가 필요한 것은 아닌가?

사다리를 한 단계 올라갈 때마다 자신의 외모와 예절을 향상시켜야 한다. 여기에는 당신이 차고 있는 시계와 구두, 머리 모양, 쓰는 단어 등이 포함되며, 어쩌면 마시는 음료를 선택하는 문제까지 포함될 수 있다. 결국 20년산 싱글 몰트 스카치Single Malt Scotch나 상세르Sancerre(프랑스 르와르 강 유역의 지명이자 이곳에서 나는 와인의 한 종류—옮긴이) 한 잔을 주문하는 것이 '버드 라이트Budweiser lite 한 병 주시오'나 우산 장식이 꽂힌 칵테일 한 잔을 주문하는 것보다 훨씬 더 크게 "내가 보스다"라고 말하는 셈이다.

또한, 부하들의 눈에 자신이 상사라는 것을 확고히 하는 것도 중요하지만, 높이 올라갈수록 당신의 위에 있는 사람들에게 보이는 것이 훨씬 더 중요해진다. 사다리의 다음 칸에 올라갔을 때를 빗댄 차림새에 대한 옛 속담은 아직도 진실로 통하기 때문이다.

"성공한 사람처럼 입으면 사람들은 당신이 그렇다고 믿는다."

얕은 생각이라고 할지 모르지만, 그게 세상사다. 조직심리학자 에드거 샤인Edgar Schein은 사회적 영향력에 대한 연구에서 우리가 입는 방식과 사회 예절은 우리가 누구인지를 타인들에게 전해준다고 했다.[1] 조직의 사다리를 타고 올라갈수록, 이러한 사소한 메시지들은 한층 더 중요해진다.

한편 당신의 동료도 경영진의 눈을 끌려고 노력할 것이다. 그들 역시 자신의 미래가 리더로서 그리고 유력한 선수로 보이는데 달렸다는 것을 알기 때문이다.

정리하자면, 부대원들을 보면서 사열하는 장군처럼 세련되게 차려입고 구두와 계급장이 빛나고 있는지 항상 확인해야 한다. 이 모든 것은 당신이 자신감 있는 리더라는 것을 반영한다.

[1] Edgar H. Schein, *Organizational Culture and Leadership* (San Francisco : Jossey-Bass, 2004)

 체크 포인트

1. 새로운 리더가 되었을 때 겸손과 감사로 축하인사를 받아들여라.

2. 솔직하고 명료하며 신뢰하는 분위기를 만들라.

3. 당신의 관리 스타일을 정의하고 그것이 타인들에게 어떻게 영향을 미치는지 파악하라.

4. '잘 모르겠다'라는 말을 기억하라. 모든 것을 다 알아야 하는 것은 아니다.

5. 질문을 던졌을 때는 반드시 제대로 된 대답을 들어라.

6. 공부를 해라. 당신 이전에 있었던 리더들을 벤치마킹하라.

7. 좋아해주는 것 대신 존경해주는가에 집중하라.

8. 보스처럼 행동하라. 당신의 모든 것이 중요하다!

3 거울 방에서
감각을 잃지 않는 법

　놀이공원에는 거울 방이라는 곳이 있다. 다양한 각도로 붙어 있는 거울들은 당신의 모습을 왜곡시킨다. 어떤 거울에 비친 모습은 홀쭉하고 또 다른 거울에 비친 당신은 키가 짤막하다. 거울에 따라 키가 더 커지기도 하고 뚱뚱해지기도 한다. 거리 감각을 잃어 여기저기 부딪히기도 하고 어느 쪽으로 가야 할지, 어느 길이 안전한지 헷갈린다. 보이는 그대로가 전부가 아닌 셈이다.

　비즈니스 세계도 거울 방과 같다. 회사의 고위직에 오르게 되면 다른 사람들에게 권력을 행사할 수 있게 된다. 부하들을 심사하고, 승진, 직책, 연봉을 통제할 뿐만 아니라, 부하들이 자신을 보는 방식까지도 바뀌게 된다. 이런 권력은 당신 자신과 세상을 보는 시각을 변화시킨다.

　시카고에 있는 포시즌 호텔에서는 잘 알려진 어느 보험회사가 매년 파티를 연다. 지난해의 파티는 새로 사장으로 부임한 피터 무어Peter

Moore가 주최했다. 측근들과 중역들에 둘러싸인 피터는 업계에서 자신이 이뤄온 성공에 대한 이야기로 좌중을 대접하고 있었다. 그 자리에 모인 사람들은 그가 하는 말 한마디 한마디에 주의를 기울이는 것처럼 보였고 이따금 터지는 웃음이 방안을 메웠다. 파티장 저편에서 모임을 지켜보고 있던 피터의 아내 테레사가 피터의 시선을 낚아챘다. 테레사는 손목시계를 두드렸다. 이제 갈 시간이라는 신호였다. 피터는 마지못해 사람들에게 양해를 구한 다음 테레사에게로 갔다.

피터는 난처한 얼굴로 테레사에게 속삭였다.

"지금 가면 안 돼. 사람들은 나를 좋아한다고. 내 이야기를 듣고 웃는 걸 봐. 저들에게 나를 알리는 건 중요한 일이야."

테레사는 지난 20년 동안 키워온 분별력을 발휘했다.

"내 말을 못 알아듣는군요. 피터! 당신은 사장이에요. 당신이 자리에서 일어나기 전까지 아무도 파티에서 재밌게 놀 수 없어요.'

파티석상에서 당신을 둘러싸고 앉아 농담에 맞장구쳐주고 이야기에 미소를 보내며 정글의 왕이 된 것처럼 느끼게 해주는 직원들은 해야 할 일을 한 것뿐이다. 즉, 그들은 권력에 고개를 숙이는 것일 뿐이다. 이런 이유로 회사에서 무슨 일이 일어나고 있는지 정직하고 왜곡되지 않은 정보를 들을 수 있는 마지막 기회는 당신이 새로운 사무실에 출근하여 책상과 벽에 가족사진을 걸기 시작하기 전날이다. 이것은 엄청나게 중요한 문제이다.

책임 있는 자리에 오르는 관리자 대부분은 좋은 의도를 갖고 있다. 그들은 부하들을 효율적으로 지도하고 누구에게나 공정하며, 목표를 명확히 한 다음 동기를 자극하여 정상에 오르고 싶어 한다. 그러나 그 길을 가는 동안 너무 많은 사람이 눈을 뜨고 있음에도 문제를 발견하지 못한다. 전망을 잃어버리기 때문이다. 그 때문에 지금부터 앞으로 당신이 마주해야 할 가장 큰 도전은 자신의 전망을 유지하는 것이다. 여기에는 자신의 권력, 부하들에게 끼치는 영향, 다른 사람들에게 비치는 모습, 설득력 등이 포함된다.

팀을 키워라

채용과 교육, 동기부여, 평가, 심지어 해고에 이르기까지 인력 관리는 관리자들에게 매우 중요한 문제다. 누군가 책임이 따르는 위치에 올랐다면 보스는 그가 구성하는 팀의 능력에 따라 평가하게 된다. 보스는 개인적인 실적을 보는 게 아니기 때문에 가장 성공적이고 유능한 관리자는 자기 주위에 재능 있고 막강하며 결단력 있고 전문화된 뛰어난 선수들을 배치한다.

그 과정에서 어떤 참모는 유임되기도 하지만 당신이 직접 뽑아야 하는 경우도 있다. 팀의 형태가 어떤 모습을 하건, 당신은 특정한 일과 목표를 달성하는 데 필요한 자격과 재능을 전략적으로 평가해야 한다. 누가 어떤 일을 잘 되게 만드는 사람인지, 그 자리에서 누가 더 일을 잘할 사람인지에 대한 판단을 빨리 내릴수록 팀의 윤곽을 보다 빨리 분석하고 정의할 수 있다.

다음 단계는 예산이 허락하는 선에서 필승 타선을 짜는데 필요한 새로운 인재를 추가하는 작업이다. 견고하게 조직된 팀은 관리자에게 최고의 판단을 할 수 있게 해주므로 손쉽게 목표를 성취할 수 있도록 해준다. 우리는 이 문제를 자세히 다루지는 않겠다. 이 책은 조직 관리의 기초에 대한 책이 아니며 이미 이 주제에 대해서는 훌륭한 책이 많기 때문이다. 대신 우리는 이 장에서 그 문제들이 당신을 좌초시키기 전에 어떻게 하면 잠재적인 인력관리의 문제점을 찾아내고 피하느냐에 관해 집중할 것이다.

벤치에 앉아 있는 선수들을 평가하는 법

당신이 승계받은 팀에서부터 이야기를 시작하자. 이미 당신의 손바닥 위에는 모든 팀원에 대해 필요한 정보가 올라와 있을 수 있다. 팀이 해온 일의 역사, 업무 보고서, 실적 평가, 여타의 중요한 정보들이다. 그러나 누구를 남게 하고 누구를 방출시킬 것인가에 대한 판단에 들어가면 당신이 가진 지혜와 경험에 크게 의존해야 한다. 너무 많은 변화를 빨리 일으키기를 원치 않을지 모르지만, 팀의 구성원 모두를 판단할 때 자신에게 물어야 할 몇 가지 중요한 질문이 있다.

- 만일 내가 성취 기준을 높게 정했을 때, 이 사람은 그 도전을 이겨낼 수 있는가?
- 추진력과 동기를 다른 팀원들과 나눌 수 있는 사람인가?
- 더 높은 지점까지 뻗쳐오르고 닿을 수 있는 재능이 있는 사람인가?
- 일하는 방법, 태도, 분위기가 변했을 때 이 사람은 어떻게 반응할 것인가?
- 이 사람은 목표가 정해졌을 때 과감하게 뛰쳐 올라 쟁취할 수 있는 사람인가?

- 성공을 위해 내가 만들어내는 환경의 변화에 잘 적응할 사람인가?
- 승진이나 다른 유사한 대가 없이도 팀원들과 효율적으로 일할 수 있는 사람인가?

팀원을 선별하는 법

새로운 책임자가 팀을 짤 때 빠지기 쉬운 두 가지 함정이 있다. 하나는 약한 팀원을 뽑는 것이다. 다른 하나는 회사의 문화적 정수精髓를 침해하는 것이다.

자기 옆에 능력 없는 직원을 기용한다는 말은 바보같이 들릴 것이고, 사실 그렇다. 그러나 많은 관리자가 아직도 그렇게 하고 있다. 제대로 빛을 내지 못하는 참모는 당신을 제대로 비추지 못한다. 문제는 그런 참모 때문에 경영 윗선이 당신의 능력과 판단력에 대해 의문을 가지게 된다는 점이다. 취약한 직원은 당신에게 절대 도전하지 않으며, 정직한 피드백을 주지도 않고, 위험을 감수하려고 하지 않는다. 그리고 팀 실적에 대한 기여도 의심스럽다. 반면 당신이 경험이 있지 않은 분야에 재능을 가진 사람처럼 강한 직원을 기용하면, 당신은 팀을 보다 완벽하게 보완하는 셈이다. 그런 직원과는 솔직히 토론을 할 수 있고, 능력 있는 팀은 성공적인 비즈니스를 전진시킨다. 그렇게 되면 분명히 경영 윗선은 당신이 승자들에 둘러싸여 있다고 판단할 것이다.

부하직원을 기용할 때 매우 많은 관리자가 자기가 속한 조직의 문화를 간과하는 경향이 있다. 이것은 큰 실수다. 한 조직의 문화는 나름의 정수가 있다. 여기에는 조직의 겉모습, 리듬, 관습들, 평가 시스템, 비즈니스를 하는 스타일 등이 속한다. 개인이 가진 재능과 자격증명서가 중요하기는 하지만, 그것만으로 한 조직에 적격이라고는 할 수 없다. 전도가 밝은 팀원은 당신이 즈도하는 특정한 조직, 경영과 비즈니스 스타일, 다른 팀원들과 맞물려 돌아가는 사람이다. 만약 조직 문화의 중요성을 인정하지 않는다면, 어떻게 나머지와 조화를 이룰 팀원을 데려올 수 있겠는가? 우리는 관리자가 똑똑하기는 하지만 모가 난 직원을 채용하는 경우를 자주 봤다. 특히 보수적인 회사에서 그럴 경우 틀림없이 문제가 생겼다. 이것은 오로지 조직의 스타일과 가치의 문제이다. 그리고 더욱 적합한 사람이 한 조직에 들어온다면 그는 성공의 결정적인 요소가 된다.

선수 명단 가다듬기

갖고 있어야 할 여러 가지 재능을 갖추고 회사에 맞는 사람을 찾아내는 것은 승리를 향한 길에서는 핵심이다. 물론 때로 빈자리를 채우려고 회사 바깥을 기웃거려야 할 때도 있다. 앞에서도 말한 것처럼, 어떻게 직원을 선별하고 고용하느냐에 대한 정보는 충분히 널려 있다. 빈틈없는 면접은 판단을 하는 데 필요한 전략적 정보를 빨리 효율적으로 얻게 해준다. 그러나 채용 과정에서 관리자들이 너무 자주 간과하는 분야가 하나 있다. 이 때문에 때로는 섬뜩한 결과가 나온다. 그것은 바로 서류 심사다.

우리는 수백 명의 직원을 고용하고 해고해봤으며 우리보다 훨씬 더 많은 사람을 채용해본 관리자들과 이야기를 나눈 결과 우리는 컨설턴트로부터 받은 세 가지의 질문을 채택했다. 우리는 서류 심사 과정 즉, 지원자에 대한 평가를 내리기 훨씬 전에 다음 세 가지 질문을 사용하기를 권한다. 이 세 가지 질문은 지원자와 솔직한 대화를 나눌 수 있게 만들며 법적으로도 문제가 없다. 그리고 일상적인 표현들이 제공하는 바를 넘어 그 사람의 가능성에 대해 보다 명확한 그림을 그리게 해준다.

- 이 지원자를 채용했을 때, 첫 3개월이 지나 나를 놀라게 할 만한 점을 갖고 있는가?
- 이 지원자가 자신의 부류에서 최고가 되려면 뭘 해야 하는가?
- 만약 회사가 이 지원자에게 이상적인 자리를 만든다면, 그 자리의 모습은 어떨까?

생일을 꼭 챙겨라

사소한 것들이 중요하다. 작은 것으로도 직원들의 가치에 대한 이해와 감사의 표시를 보낼 수 있다. 에이미 코플란이 《에피소드》지를 경영할 때, 나중에 직원들의 전통이 된 일을 시작했다. 회사 직원들의 생일이나 기념일에 즉석 축하 이벤트를 마련한 것이다. 조그맣지만 즐거운 소동은 직원들 각자가 중요하다는 것을 알려준다. 그것으로 직원들은 더 적극적이게 되고, 고양되어 보다 헌신하게 된다. 물론 실적이 오르는 것은 자연스런 결과다.

미국 경영자의 화신이 된 잭 웰치는 최고의 능력을 보여준 직원들에게 휘갈겨 쓴 메모나 샴페인 한 병을 보내 위로했다. 메모의 내용은 '잘했습니다'였다. CBS 라디오방송국 사장 시절, 낸시 C. 위드만은 전근해온 임원들의 배우자에게 화분이나 꽃을 보냈다. 새로운 도시로 온 그들에게 환영의 뜻을 전한 것이다. 이것은 하기도 쉽고 꽤 오래 효과가 지속되는 간단하면서도 명확한 제스처다.

선수가 감독의 몸값을 결정한다

상사─직원 간 관계의 핵심에는 일련의 암묵적인 규칙이 있다. 이것은 서명한 서류도 아니고 표준 고용 계약서의 내용 일부도 아니다. 그럼에도 모든 관리자와 직원들은 암묵적으로 그것을 이해하고 있다. 이러한 규칙들은 상호존중과 책임의 분담을 함축한다. 만약 어느 한 쪽이 이것을 어기면 관계는 붕괴 위험에 빠진다. 이 암묵적인 계약은 당신이 지도하고 성공하는데 기초 구조물이다. 또한, 그것 때문에 당신은 무심코 '왜 그걸 몰랐을까'의 함정에 굴러 떨어질 수도 있다. 둘 사이의 균형은 매우 미묘하며 어느 한 쪽으로 무게가 쏠리지 않게 하는 것은 당신의 몫이다.

경계를 침범하기

'정상에 선 자는 외롭다'라는 말이 있다. 새로 부임한 관리자가 맞닥뜨리는 도전은 윗자리에 고립되어 있을 때 어떻게 시야를 유지하는가이다. 한 사람의 리더로서 당신은 부하들과 자기 자신 사이에 경계선이 있다는 것을 잘 안다. 그러나 경계선을 그어놓고 산다는 것은 어려운 일이다. 그런 어려움을 상쇄하고자 최고 경영자와 관리자들은 점점 더 적은 수의 사람들에게 의존하여 조언을 구하고 상담한다. 그러나 이것은 위험하다. 그렇게 되면 시야가 좁아지게 된다. 특정한 누군가의 눈에 걸러진 관점만을 가질 수밖에 없기 때문이다. 외부로부터 입력되는 정보가 협소해지는 것이다. 결과는 현실에 대한 불명확한 그림으로 돌아온다. 이 고전적인 문제는 당신이 의존하는 인간관계와 신뢰하는 사람들에 대해서도 잘못된 판단을 내리게 만들기도 한다.

경험이 많든, 처음으로 관리자가 된 사람이든 흔히 부하직원을 자신의 막역한 측근으로 삼는 실수를 저지른다. 얼핏 보기에 아무런 해가 없는 것 같지만 이것은 위험한 일이다. 관리자인 당신의 이야기를 무조건 들어주고, 뛰어남을 인정해줄 뿐만 아니라 심각한 문제 제기도 하지 않고 대개 도전을 해오지도 않는 누군가를 찾아내면 기쁠 수 있다. 그러나 이러한 관계가 발전하면 그 측근의 능력을 평가하는 것이 점점 더 어려워진다. 그 부하의 진정한 가치에 대해 근시안적이 되고 나머지 팀원들의 공헌에 대해 비틀린 시각을 가지게 된다.

한 다국적 제약회사에서 이런 너무 가깝고 편한 관계가 어떤 결과를 낳았는지 살펴보자. 클레오 하이엇Cleo Hyatt은 수석 부사장이었고 그녀의 직속에 셸리 클라인Shelly Klein이 있었다. 셸리는 클레오 밑에서 5년 이상 있었고 그 기간에 막역한 측근이었다. 캘리포니아의 한 휴양지에서 부서 전체가 참여하는 3일짜리 이벤트를 앞두고 걱정이 된 클레오는 그 사실을 셸리에게 털어놓았다. 그 행사는 클레오와 셸리가 지휘하는 부문에서 중요한 행사였다. 100명 이상이 참가하는 세미나가 열리고 회의와 만찬, 축제가 열릴 예정이었다. 최고 경영자들도 항상 참가하는 자리다. 행사가 몇 개월 앞으로 다가오자 초청장이 발송되고 연사들이 확정되었으며 식사 메뉴와 임원용 숙소가 예약되었다. 클레오는 모든 세부 사항에 대한 고민을 셸리에게 털어놓았다. 클레오는 행사가 성공적으로 끝나야 한다는 중압감에다 미리 계획대로 진행되지 않는 경우까지 걱정하면서 많은 스트레스를 받았다.

행사가 열리기 3주 전, 클레오의 비서 엘런 스머시Ellen Smythe는 준비상황을 확인하기 위해 리조트의 지배인에게 전화를 걸었다. 엘런은 그에게서 행사가 취소되었다는 이야기를 듣고 깜짝 놀랐다. 클레오가 직접 며칠 전에 취소를 했다는 거였다. 그래서 그 날짜에 리조트는 다른 회사의 행사가 열리게 되었다는 소식도 있었다. 당황한 엘런은 클레오에게 이 사실을 알렸다. 최악의 상황에서 벗어나기 위해 클레오는 즉각 수화기를 들었다. 리조트의 지배인은 그 다음 달에 예약을 받아주었다. 모든 직원들에게 다시 공문이 발송됐고 상황은 가까스로 수습되었다.

이 사건은 클레오를 매우 당황하게 했지만, 회사를 그만 둬야 할 정도는 아니었다. 후에 원인을 조사한 결과 문제의 배후에는 클레오의 최측근인 셸리 클라인이 있었다. 셸리가 클레오를 가장하여 행사를 취소시킨 것이다. 클레오의 성공을 질투한 나머지 다른 자리로 가기를 학수고대하고 있었던 데다가, 모든 내부 사정을 알고 있던 셸리가 음모를 꾸민 것으로 드러났다. 이것은 눈 뜨고 당한 대표적인 사례이며, '왜 그걸 몰랐을까' 상황의 고전에 지나지 않는다.

비슷한 예로, 일레인 J. 아이젠만은 최근 뉴욕에 근거지를 둔 전국적인 소매업체와 상담을 했다. 일레인과 함께 일한 적이 있는 영업 담당 부사장인 매기는 요즘 자기는 원하지도 않았는데 헤드헌터들로부터 엄청나게 연락이 오고 있다는 이야기를 털어놓았다. 사정을 밝혀보니, 매기의 실적 평가가 불공평하다고 불만을 품은 측근 하나가 꾸민 일이었다. 그는 헤드헌터 사이트에 매기의 이력서를 올려 문제를 일으킨 다음, 그녀를 자기의 지휘계통에서 제거하려 했던 것이다.

물론 모든 내부의 측근이 위험요소로 분류되는 것은 아니지만, 대개 팀 내부에서 누군가를 골라 친구로 삼는 것은 현명한 행동이 아니다. 어느 순간 뒤통수를 칠 가능성이 엄청나게 높기 때문이다. 따라서 제일 좋은 방법은 회사 외부에서 측근 그룹을 만드는 것이다. 이것은 제1장에서 언급한 개인적인 조언자 그룹이다. 여기에는 다양한 업계에 종사하고 있는 신뢰할 만한 동료, 부서 외부의 경험 있는 사람들, 가족 내에서 적격인 사람들이 속한다.

당신의 리더십이라는 날개 아래에 묻어두고 싶은 유혹을 받는 사람은 직원 중의 측근만이 아니다. 당신은 유망하고 재능 있는 후배와 밀접한 관계를 맺게 될 수도 있다. 그러나 조심해야 한다. 멘토나 코치의 역할에 사로잡혀 시야를 잃기란 믿을 수 없을 정도로 쉽다. 다음의 예는 위험 신호를 무시했을 때 어떻게 한 관리자의 위신이 무너졌으며 비즈니스 목표를 위험에 빠뜨렸는지 잘 보여준다.

로리 미첼Rory Mitchell은 제퍼드 파트너스Jefford Partners라는 회사의 사장이었다. 이 회사는 애틀랜타Atlanta 법조계에서 수위를 점하고 있었다. 제퍼드 파트너스사에는 여섯 명의 연구 컨설턴트와 두 명의 지원 참모가 있었다. 회사를 키우기로 한 미첼은 젊은 유망주 래리 페론Larry Perrone을 채용하고 새로운 연구원으로 임명했다. 페론은 댈러스Dallas의 로펌에서 6년의 경력을 쌓았고 애틀랜타Atlanta 법조계에서도 좋은 인맥을 갖고 있었을 뿐만 아니라 경력의 전환에 목말라 있었다. 미첼은 그가 훌륭한 후보자라고 생각했다.

페론은 일을 배우는 속도가 빨랐다. 그는 대부분의 선배 컨설턴트에게 환심을 샀고 특히 미첼의 눈에 들었다. 페론은 미첼에게 멘토링과 코칭, 업계에 관한 지식을 요청했다. 미첼은 페론의 에너지와 추진력, 어려운 일도 마다지 않는 열의가 마음에 들었다. 페론을 회사의 차세대 슈퍼스타로 점찍은 미첼은 점점 더 많은 시간을 그를 가르치는데 할애했다. 그뿐만 아니라 고객들과 만나는 자리에 그를 항상 데리고 다녔으며 애틀랜타 법조계 핵심 인물들에게 소개했다.

그러나 미첼이 모르고 있던 사실은 회사 내의 누구도 페론을 좋게 보는 사람이 없었으며 동료는 그가 미첼을 조종하고 있다고 여겼다는 점이다. 미첼은 그런 소문을 무시했고 그와 2년의 고용 계약을 맺으려고 했다. 그러나 페론은 그 자리를 받아들이는 대신 사표를 내며 동시에 자기 회사를 열겠다고 선언했다. 게다가 미첼과 오래 일해 왔던 직원을 데리고 나갔다. 미첼은 그에게 투자했던 어마어마한 시간과 정력, 자원을 완전히 낭비한 셈이었다. 최악의 상황은 모르는 사이에 무서운 경쟁자를 만들어냈다는 거였다.

어떻게 미첼같이 분별 있는 리더가 지도－피지도 관계를 그렇게 엇나가게 하였을까? 결론적으로 말하자면 수많은 선배 리더들이 그렇듯, 때로는 젊었을 적의 자신을 연상시키는 젊은 유망주들이 아첨해올 때 생기는 흥분과 모호한 감정 때문에 시야가 흐려졌던 것이다. 지도－피지도 관계가 균형을 잃을 때 생기는 신호에 경각심을 갖는 것은 눈 뜨고 당하는 상황을 막는 핵심이다. 다음은 조심해야 할 세 가지 신호다.

1. 피지도자에게 다른 직원들에게 적용하는 것과 다른 기준을 갖고 있다.
2. 비즈니스를 성장시키는 것보다 피지도자에게 더 많은 시간을 쓴다.
3. 회사 내에서 피지도자의 역할에 대해 동료의 옳은 조언과 조용한 논평들을 무시한다.

고양이는 쥐를 생각하지 않는다

직원들을 관리할 때 당신의 시야를 유지하는 것이 매우 중요하다면, 전혀 예상치 못한 곳에서 언짢은 일이 올 수도 있다는 점을 알아야 한다. 그것은 바로 '윗선'이다.

그런 일은 보통 고위 임원실에서 걸려온 전화 한 통화로 시작된다. 얼핏 보기에는 별 의도가 없는 것 같은 내용이다. "소개해 주고 싶은 사람이 있는데 올라오게." 이런 식의 이야기를 들으면 매우 조심해야 하고 경계심을 늦춰선 안 된다. '소개해 주고 싶은 사람'은 고위급들이 누군 가를 당신의 영역에 집어넣고자 할 때 쓰는 뻔한 핑계로, 다음과 같은 사람들이 속한다.

1. CEO의 자녀, 친척
2. 다루기 어렵고 누군가의 보호를 받는 직원
3. 임원의 대학 동기 자녀
4. 사교계에서 알게 된 사람
5. 앞으로 그의 애인이 될 가능성이 있는 사람 또는 이전 애인
6. 정년이 얼마 남지 않은 그의 이전 상사였거나 그 상사의 상사 혹은 아무도 나가라고 할 수 없는 사람.

그렇다 하더라도 최상의 시나리오는 이렇게 새로 들어온 직원이 똑똑 하고 겸손하며 열심히 일하는 사람인 경우다. 그리고 위 경영진에 당신 이 놀랄 만큼 재능 있고 훌륭한 리더이며, 너무 열심히 일하며 능력보다 연봉이 너무 적다고 말해주는 경우다. 물론 그 반대는 그 직원이 분수를 잊고 골치를 썩이는 경우다. 두 가지 가능성은 오십보백보다.

더욱 현실적인 시나리오를 생각해보자. 당신에게 새로 은 직원은 믿을 수 없을 정도로 권리 의식에 차 있다. 만약 새로 온 직원이 실패하면 원 인을 자기만 빼놓고 다른 동료만을 도왔던 일을 예로 들면서 당신의 리더 십 부족으로 돌릴 것이다. 당신은 이내 자신이 심각한 인사 문제에 허리 깊숙이 빠졌으며 주위의 아무도 도와줄 수 없다는 점을 깨닫는다. 이런 뻔한 상황이 일어나지 말란 법은 없다.

수전 브라운Susan Brown의 이야기를 예로 들어보자. 그녀는 미국 중서부에서 유명한 소매체인회사 풀 이센셜Full Essentials의 인사 담당 수석 부사장이었다. 그 회사는 라지 사이즈 여성 기성복에 특화되어 있었다.

수전은 한참 잘 나가는 회사의 남부러울 것 없는 위치에 있었지만, 성장세를 따라가는 데 필요한 인력을 충원할 수 있는 예산이 뒷받침되지 못하고 있었다. 어느 날 아침, 사장이 전화를 걸어와 로나 애스턴Lorna Aston이라는 좋은 친구가 있는데 퇴직한 지 얼마 되지 않았고 계약직으로 일할 곳을 찾고 있다는 이야기를 했다. 그러면서 사장은 애스턴을 위해 예산을 배정하면 수전의 부서에서 쓸 수 있는지 물었다. 이 제안은 서로에게 좋은 것처럼 들렸다. 사장은 수전의 팀이 인력 부족을 겪고 있다는 것을 알고 있으며 순수한 마음으로 도우려고 하는 것처럼 보였던 것이다.

2주일 후 애스턴이 수전의 팀에 합류했다. 그리고 애스턴의 입에서 나온 첫마디는 이랬다. "나는 여기 감독하러 왔습니다. 나는 보고는 물론 전화도 걸지 않을 겁니다. 당신들이 그 일을 하면, 나는 차트와 실적 보고서를 만들 거예요." 수전의 가슴속에 순식간에 먹구름이 드리워졌고, 문제가 생기고 있다는 것을 느꼈지만 일단 가슴속에 묻어뒀다.

얼마 되지 않아 동료들이 수전에게 전화를 걸어 로나 애스턴이 누구냐고 묻기 시작했고, 사장실에서 그녀를 봤다는 이야기가 들어왔다. 곧이어 사장은 직접 전화를 걸거나 이메일을 통해 수전이 내린 모든 결정에 대해 꼬치꼬치 묻기 시작했다. 수전은 점점 더 많은 시간을 주 업무인 팀의 관리 대신 자기변호를 위해 써야 했다. 수전은 배후에 애스턴이 있다고 의심했지만 그것을 증명할 수는 없었다. 결국 CEO가 자신을 신뢰하지 않는다는 것을 깨닫고, 해고될 것을 두려워하던 수전은 사표를 냈다.

만약 수전이 처음부터 눈을 크게 뜨고 위험 신호를 알아봤다면, 지금까지도 자리를 지키고 있을 것이다. 애초에 사장이 나서서 인력부족 문제를 덜어주겠다고 했을 때부터 냄새를 맡았어야 했다. 고양이가 쥐 생각해주는 꼴이었던 것이다! 그것보다 확실하고 뚜렷한 신호도 없다. 현명한 관리자라면 경영진 윗선이 나서서 순순히 머리 숫자를 늘리려고 하지 않는다는 것을 안다. CEO가 아닌 밤중에 전화를 걸어 누군가를 보낼 때는 오직 부탁할 때뿐이다. 그리고 애스턴의 경우처럼 뻔뻔스러움과 허세가 심해졌을 때는 지휘계통에 문제가 생긴 것이고 수전의 권력 또한 위협받고 있다는 뚜렷한 표시였다. 다음은 수전이 미리 밟았어야 할 단계들이다.

- 정보를 모으라 이 새로운 사람은 누구인가? 상사와는 어떤 관계인가? 당신의 안테나를 전부 동원해야 한다.
- 상사에게 전략적인 문제를 던져라 경영진이 원하는 게 뭔가? 당신이 가진 융통성이 얼마인지 알아야 한다.
- 문서로 흔적을 남겨라 전화를 끊는 즉시 기록을 시작하라! 공문, 이메일, 문제들, 보고서, 평가서를 챙겨라.
- 새로운 직원과 직접 면담을 해라 분위기를 전환하고 이 일을 하려면 당신이 어떻게 했으면 좋은지 물어라.
- 모든 노력이 수포로 돌아가거든, 새로운 사람을 동료의 하나로 배치하는 방안까지 고려해보라 그의 승진을 요구하거나 무슨 방법이든

동원하라. 이것은 게릴라전이다.

공간의 제약을 뛰어넘는 관리

부하직원 모두가 같은 건물이나 같은 지역에서 일하지 않는 경우가 많다. 매일 만나는 사람들이 아니기 때문에 당신에게 보고서를 올리는 모든 부하직원들에게 경계를 늦춰서는 안 된다. 매일 또는 1년에 한 번 만나건 상관없다.

로이스 패커드Lois Packard는 그렇게만 했더라면 확고한 리더로 자리매김했을 사람이다. 그는 지사에 나가 있는 경력 있는 관리자를 잘못 판단하고 당한 경우다. 로이스는 뉴욕 주 올버니Albany의 외곽에 근거지를 둔 건설회사의 법률 고문이었다. 그는 회사의 모든 변호사들을 관리했고 캐나다 몬트리올Montreal 지사도 마찬가지였다.

캐나다와 미국은 사업을 진행하는데 여러 가지 면에서 달랐고, 몬트리올 지사는 다양한 문서 작업을 책임지고 있었다. 지사장인 마틴 부커드Martin Bouchard는 매주 전화로 상황보고를 해왔다. 부커드는 회사에서 수년 동안 근무했고, 로이스도 부커드의 판단과 전문적인 의견을 신뢰했기 때문에 지사 사무실을 거의 방문하지 않았다. 로이스는 올버니의 변호사들에게 관심을 집중할 수 있다는데 안도하고 몬트리올의 전권을 부커드에게 위임했다.

그런데 부커드가 심각한 사고를 당해 재활치료를 받아야 하는 상황이 발생하자 어쩔 수 없이 로이스가 몬트리올 지사에 개입해야 했다. 로이스는 부커드가 떠나 있는 동안 자리를 메울 변호사를 임시로 채용했다.

일을 시작한 지 일주일도 되지 않아 그 임시 변호사가 전화를 걸어와 로이스에게 심각한 소식을 전했다. 그는 부커드의 책상에서 처리되지 않은 법률 서류들을 발견했는데, 지연된 서류처리에 대한 보상을 요구하는 편지들과 불이행 경고장들이 많다는 보고였다.

로이스는 즉시 몬트리올로 날아갔다. 몬트리올 사무실의 모든 직원들이 부커드의 변칙적이고 위험한 업무 행태를 알고 있었다는 것을 아는 데는 오랜 시간이 걸리지 않았다. 그러나 직원들은 로이스에게 그 사실을 알리기를 꺼렸다. 직원들은 로이스도 어느 정도는 알고 있겠거니 생각했고 이후에 아무것도 바뀌지 않았기 때문에 로이스가 개의치 않는 것으로 생각하고 있었던 것이다. 일단 로이스는 회사가 외국에서 심각한 법적 문제에 휘말리는 것을 막으려고 온 힘을 다했고, 문제를 해결하는 데 성공했다. 그러나 지사의 책임자는 자신이었고 부커드가 아닌, 자신의 지위가 위협받는 상황에 처했다.

로이스가 이 상황을 피하려면 어떻게 해야 했을까? 로이스의 실수는 너무 느긋하게 생각하며 자신의 시야를 놔버린 탓이다. 로이스는 한 선임 직원, 경험 많은 관리자를 믿고 지사 업무를 통째로 맡긴 채 업무 감사를 하지 않았다. 만약 지사 사무실이 있고 당신은 자주 방문하지도 않는다고 하자. 여기서 중요한 것은 멀리 떨어져 있는 사람들과 맺는 약한 관계로는 그들이 일하는 메커니즘을 이해할 수 없을 뿐만 아니라 문제가 생겨도 파악할 수 없다. 당신이 책임지는 모든 지역에 항상 눈으로 보고 접근하는 것은 필수적이다. 이것은 당신이 초임 관리자를 두게 되었건, 큰 계획을 운용할 수 있는 관리자를 두었건 간에 그 어떤 경우라도 이것은 매우 중요하다. 환경은 변화하며 사람들은 바뀌고 비즈니스상의 기압도 변화한다. 반드시 당신은 모든 상황의 맨 꼭대기에 머무르며 통제할 수 있어야만 한다. 당신이 지리적으로 여러 곳에 퍼져 있는 인력들의 책임을 지고 있다면 일어나는 모든 일에 촉각을 곤두세우는 것이 급선무다(이것은 중요한 자기 보존 전술이기도 하다).

때로는 규칙이 있어 일이 더 쉬울 수도 있다. 미국 은행법의 한 조항을 따르면 모든 은행 직원들은 2주를 연달아 휴가 가야 한다. 이 법률 조항에는 다음과 같은 이론적 근거가 있다. 어느 직원이 2주 동안 자리를 비우게 되면 그가 모종의 불법적 행위를 했는지를 조사할 수 있는 충분한 시간이 생긴다는 것이다. 당신이 지사 사무실에서 벌어지고 있는 문제를 탐지하는 데 쓸 수 있는 다른 방법이 있을까? 물론이다. 이 방법들은 모두 경계심과 지속적인 감독을 요구한다. 우리는 다음 방법들을 제안한다.

공간의 제약을 뛰어넘는 여덟 가지 관리 수칙

- 지사에 5년 동안의 통계를 요구하라. 그 통계를 자세히 보라. 일정한 유형이 보일 것이다. 특히 유별난 비용과 복잡한 거래, 이윤율의 급격한 변화를 눈여겨보라.
- 직원의 도움을 받아 평상시와 다른 변화를 조사해보라. 그것은 문제의 징조다.
- 지역에서 인력 채용에 어려움이 있다면 주의하라. 혹시 그 지역에서 회사의 평판에 문제가 있는 것은 아닌가?
- 전근 요청서를 살펴보라. 너무 많은 사람이 전임을 요청하지 않는가? 너무 많은 사람이 전출을 하려고 하지 않는가?

- 현지를 방문할 때는 모든 직원을 개인적으로 만나 어떻게 돌아가고 있는지 물어라. 처음부터 당신을 친근하게 받아들이고 솔직하게 대하지는 않을 것이다. 쉽지 않은 일이지만 그렇게 하려고 노력하라.
- 평직원들과 관리자의 대답이 얼마나 다른지 살펴라. 관리자가 뭔가를 잘 모르고 있다면 그는 제대로 책임을 다하거나 자각하고 있지 못하다는 뜻이다.
- 육감을 동원하라. 사무실에서 불안감이 느껴지지는 않는가?
- 현지 관리자가 요청하면 방문을 미루지 마라. 그리고 언제 당신이 도착하는지 미리 알려주지 마라. 그냥 그곳에 나타나라!

거울을 다시 한 번 들여다보자

자기 자신과 자신이 처한 상황, 부하직원들과의 관계에 대한 명확한 상을 보는 것은 자기기만이라는 거울 방을 헤쳐나가는 데 있어 최대의 도전 중 하나이다. 거울을 뒤덮은 구름을 제거하려면 부하직원들과의 관계에서 자신이 가진 편견을 알아야 하며, 부하직원들의 과잉충성에 따라 앞에 비친 이미지를 흐리지 않게 해야 하고, 당신에게 주어진 정보를 판단하는 데 있어 객관적이고 분별력이 있어야 한다. 사람들이 정보에서 걸러내고 감추는 것은 무엇인가? 사람들이 정보에 섞어 넣는 것은 무엇인가?

거울에서 절대로 눈을 떼지 말되, 거울에 비친 이미지는 왜곡되었다는 것을 잊어서도 안 된다. 시야를 잃는다는 것은 당신이 밟을 수도 있는 엄청난 지뢰 중 하나이며, 리더십을 취약하게 만드는 위험한 일이다.

당신의 부하직원들과 맺은 암묵적인 계약을 기억하라. 사리에 밝은 리더로서 당신은 높은 사기, 낮은 이직률, 끊임없는 최고의 실적, 성실하고 공정하다는 평가를 얻어야만 한다. 고위 경영진이 이상 신호를 감지하는 것은 오래 걸리지 않는다. 당신의 시야를 잃어서는 안 된다. 나르시스의 이야기를 항상 염두에 둬야 한다. 잘 생긴 그리스 소년은 고요한 연못에 비친 자신의 모습에 반하여 둑을 내려섰고 자신의 모습이 서서히 멀어져가자 그 이미지를 따라 물속으로 빠져들어 갔다.

1. 관리자로 승진하게 되면 시야를 유지하는데 집중하라.

2. 상사−부하 사이에 서로 존중해야 한다는 암묵적 계약을 지켜라.

3. 당신의 스타일과 다른 사람들이 자신을 어떻게 보는가에 더한 진실을 밝혀라.

4. 직원들의 노력에 대해 조그맣더라도 감사의 표시를 해라.

5. 조언은 개인적인 조언자 그룹을 통해 얻어야지 회사 내의 측근에게서 구해서는 안 된다.

6. 팀 내의 한 사람에게 지도를 해야 한다면 범위를 명확히 정하라.

7. 모든 노력이 수포로 돌아가면 '1대 1' 면담을 해라

8. 지사를 관할하게 되었다면, 미리 알리지 말고 현장을 방문하라.

4 동료, 연합
그리고 경쟁자들

능력, 교육 수준, 자격증, 외모, 성격 등이 아무리 좋아도 회사 내에서 '동료의 조그마한 도움'이라도 받지 못하면 원하는 것을 절대로 얻을 수 없다. 권력, 접근 권한, 존재감, 승진 혹은 이런 것들 중 둘 이상을 원한다고 할 때, 적절한 연줄이나 동맹자가 있다면 원하는 목표를 성취할 수 있는 더 많은 기회가 생긴다. 수년간 우리는 야망으로 가득하면서도 신뢰가 넘치는 네트워크를 조직하는 직장 동료를 보아왔다. 그들은 서로에 대해 조기경보기 역할을 하고, 소중한 첩보와 내부 정보를 공유하며, 위기 상황에서 서로를 돕는다. 가장 기본적으로 일종의 사적인 거래 협정 즉, 상호 이익을 위해 협조할 것에 동의하고 '왜 그걸 몰랐을까'의 순간이 오는 때를 파악할 수 있도록 서로 돕는 동맹을 맺는 것이 좋다.

동맹군

　　우리가 경력을 쌓기 시작한 초기에 동맹군의 필요성을 절감했다. 최상의 조건이라면, 이러한 동맹군은 조직에서 야망을 꿈꾸는 자들의 연대감으로 화한다. 몇 년 전의 일을 예로 들어보자. ABC 스포츠에는 재능과 야망 그리고 의욕이 넘치는 프로듀서들이 있었다. 그들은 기본적으로 '서로 밀어주는' 연합을 만들었다. 이들이 공유한 바는 아래와 같다.

1. 회사 안팎에서 서로 밀어준다.
2. 서로 평판을 떨어뜨리는 일은 하지 않는다.
3. 우리 중에 누군가가 승진을 한다면, 다른 사람을 이끌어준다.

　　이런 동맹이나 연합은 전통적으로 남자 동료 사이에서 더 많이 볼 수 있었다. 그러나 여성 동료들 간의 관계가 경쟁적인 태도에서 협동지향적으로 바뀌면서 현재는 많은 조직 내에서 이와 유사한 경우를 찾아 볼 수 있다. 특히 여성들이 조직 내에서 고위직으로 승진하는 경우에 이런 모습을 더 자주 보게 된다.

　　하지만 성별에 관계없이 영향력을 지닌 사람들과 사적인 거래 협정을 맺지 않으면, 더욱 강력한 협정을 맺은 다른 사람들에 의해 무방비상태에 처하게 된다. 우리들의 동료였던 해나 세디Hannah Sedi가 그런 경우를 당했다.

　　〈베이킹 브레드 베이식Baking Bread Basics〉은 요리 케이블 채널 최고의 시청률을 자랑하던 프로그램 중 하나였다. 해나는 〈베이킹 브레드 베이식〉과 함께 다른 요리 쇼 프로그램인 〈위크엔드 브런치The Weekend

Brunch〉에서 편집을 맡고 있었다. 〈베이킹 브레드 베이식〉은 별 탈 없이 인기리에 방송되고 있었다. 프로그램이 인기를 얻자 담당 프로듀서들은 인원 보충과 보조 프로듀서 채용이 필요함을 회사 내에 두루 알렸다. 그런 자리는 좀처럼 나지 않기 때문에 이는 누구나 탐을 내는 기회였다. 회사의 규정에 따라 해나는 자신의 이력서를 제출하고 나서, 인터뷰에 응했으며, 몇몇 다른 에디터들의 승진 추천도 받았다. 내부 정보통으로부터 다른 후보자들보다 자신이 그 자리에 갈 확률이 훨씬 높다는 반가운 소식도 들었다.

하지만 인터뷰를 하고 나서 며칠 후, 한 프로듀서가 해나에게 다른 쇼 프로그램 출신의 엘리자베스 웡Elizabeth Wong에게 어시스턴트 프로듀서 자리가 돌아가게 되었다고 말했다. 엘리자베스는 인터뷰 과정 막판에 지원했었는데, 놀랍게도 그 자리를 거머쥐었다. 그러나 여기에는 이유가 있었다. 엘리자베스와 쇼 프로그램을 함께 하던 그래픽 디자이너는 서로 동맹 관계였으며 고용을 담당한 프로듀서와도 잘 아는 사이였다. 이 디자이너가 엘리자베스를 위해 전화를 걸어준 것이었다. 거래 협정이 효력을 발휘하여 인사 청탁으로 이어졌고 결과적으로 엘리자베스는 원하던 명함을 거머쥐게 되었다.

거래 협정은 진정한 연줄 정치이다. 해나는 단지 엘리자베스만큼 효과적으로 자신의 연합을 이용하지 못했던 것이다.

호혜성

동료 사이의 거래 협정은 그것이 호혜성을 띨 때에만 작용한다. 분명히 호혜성에는 '네가 내 등을 긁어주면 나도 네 등을 긁어주겠다'라는 의미가 포함되어 있다. 그러나 상대방이 보여줬던 호의를 적어 두었다가 딱 그만큼만 되돌려 주는 것이 호혜성의 진짜 의미는 아니다. 호혜성은 오히려 다른 동료가 앞으로도 계속해서 당신을 도와줄 것이기 때문에 나도 그를 계속해서 도울 것이라는 미래지향적인 기대와 관련된 개념이다. 여기에는 경영진 교체 소식을 누군가에게 경고해주는 행위, 느군가를 어떤 자리에 앉히고자 전화를 걸어주는 행위, 공석이 생기면 이를 누군가에게 알려주는 행위가 포함된다. 호혜성은 사적인 거래 협정에 힘을 실어준다. 협정에 호혜성의 원칙이 지켜지지 않는다면 협정의 당사자들은 응집력 없는 모래에 불과하다.

동맹의 구축

우리가 동맹의 중요성에 관해 고객들과 이야기할 때, 많은 질문이 들어온다. 어떻게 하면 만들 수 있는가? 누구를 신뢰해야 할지 어떻게 분간할 수 있나? 인원은 어느 정도로 맞춰야 하나? 어떻게 접근할까? 거래 협정을 문서화시켜야 하는가? 자신은 도와주었는데, 도움받은 사람이 나에게 도움을 주지 않으면 어떻게 해야 하는가? 등.

짐작하겠지만 이런 질문들에 대한 거의 모든 대답은 이렇게 시작한다. "음, 그건 상황에 따라⋯⋯." 하지만 아주 중요한 몇 가지 지침이 있다.

- **느긋하게 시작하라** 아직 자신이 어리고 일을 시작한 지 얼마 되지 않았거나 회사에서 새로운 직책을 맡았다면, 미래의 동지를 찾아낼 때까지는 당연히 시간이 걸리게 마련이다. 자신의 직책이 높으면 높을수록, 회사 안팎으로 더 많은 사람과 알게 되며 사람 보는 눈도 좋아진다. 동맹을 구축하는 일은 장기간의 사업이다.

- **그냥 생기도록 놔두어라** 대부분의 거래 협정은 완전히 비공식적이며 자연스럽게 발생한다. 그것은 문서로 만들어진 계약은 아니지만, 그렇다고 아예 없는 것도 아니다. 사람들은 어떻게든 상대를 만나기 마련이다. 행동 규칙들이 제시되는 것도 아니다. 하지만 사람들은 다른 사람들이 자신에게 무엇을 기대하는지를 본능적으로 알고 있다. 비공식적인 협정을 반드시 따르도록 구속할 수 있는 특별한 방법은 없지만, 잘못한 점들을 기록하는 문서를 만들어 두는 것은 좋은 아이디어이다. 또한, 현 상황을 돌이켜보게 하는 짧고 허물없는 이메일을 보내는 것도 좋다. 예를 들면, "리사, 함께 이야기하게 되어 즐거웠어. 우리가 이번 프로젝트에서 함께 일하기로 되었다니 좋은 일이야." 혹은 "좋은 말, 고마워"라는 한 줄 메일도 상관없다. 이런 식의 미묘한 의미를 가진 메시지들은 동맹군에 거래 협정이 존재한다는 사실을 되새겨 주는 역할을 한다.

- **신호에 주의를 기울여라** 다음과 같은 경우를 생각해보자. 자신

은 영업팀에서 일을 하는데, 몸이 아파 이틀간 집에서 쉬게 되었다. 그런데 어떤 동료가 나서서 자신의 업무를 대신 처리해 주어 문제가 없었다. 혹은 다른 부서의 누군가가 자신의 부서에 인원감축이 있을 거라는 소식을 알려주거나, 공석이 났으니 지원을 해보라는 말을 건넨다. 여러분은 지금 꽤 괜찮은 거래 파트너 두 명을 찾아낸 셈이다. 전체적으로 말해서 충성심이 강하고 능력이 있는 사람, 박수를 보내며 자신을 지지하는 사람, 조직에서 인정을 받는 사람을 후보자로 물색해야 한다.

- **거래의 목적을 사수하라** 누군가가 자신에게 베푼 호의에 보답할 마음이 들지 않을 때, 그런 사람은 결코 동맹의 이점을 이용할 수 없다.

- **누군가를 동맹에서 퇴출시켜야 할 때를 알아야 한다** 자신의 동맹에 공식적인 협정문이 없다거나 문서로 만들어진 규칙이 없다고 해도 무용지물인 사람 즉, 동맹의 활동에 부응하지 못하는 사람은 제거해야 한다. 그런 상황이 발생하면 그 사람을 옆에 불러 앉히고서 이렇게 말하는 것이 좋다. "우리는 모두 서로 도우려고 하고 있는데, 너는 계약의 목적을 제대로 사수하지 않는다는 느낌이 들어."

- **작은 규모를 유지하라** 만약 자신이 하급자의 지위에 있을 때라면 동맹의 구성원은 두세 명으로 충분하다. 고위직으로 올라가면서 사람 수를 늘리는 것이 좋다. 하지만 그럴 때도 총 여섯,

일곱 명 정도로 한정해야 한다.

- **기대치를 적당하게 유지하라** 자신의 거래 파트너가 친구일 필요는 없으며, 적어도 안면이 있는 사람이어야 한다고 생각할 필요도 없다. 자신이 인정하고 지지하고 싶은 사람 그리고 이와 같은 것을 자신에게 해주기 바라는 사람이라면 그것으로 충분하다. 단순히 얼굴을 아는 것과 친구 관계에는 큰 차이가 있음을 언제나 명심해야 한다. 신뢰 관계로 발전시키려면 무엇이든 행하는 것이 좋지만, 그럴 때에도 본질적으로 상호 호혜라는 협정에 친구 관계를 집어넣지 않도록 확실히 해야 한다. 친구 관계는 일종의 부가적인 이득이라고 할 수는 있지만, 감정적으로 얽히지 않도록 해야 한다.

- **줄을 끊어서는 안 된다** 자신의 동맹에 속했던 사람이 언젠가 떠나야 할 때가 있다는 것을 이해해야 한다. 그런 사람은 다시 같은 그룹에 속하지 않겠지만, 경쟁업체를 위해 일하거나 업계 정보에 밝은 사람과 연락을 계속 취할 수도 있다. 이런 상황은 길게 봤을 때 자신에게 상당한 도움이 된다. 자신의 경력에 도움이 되면서 동맹이 여러 업계에 걸쳐 확대되는 모습을 볼 수도 있다. 이 모든 것은 여러분에게 도움이 되는 좋은 연줄이다.

루이즈 심슨Louise Simpson은 호혜성이 얼마나 중요한지를 잘 알고 있던 사람이다. 그의 딸이 뉴욕의 광고회사에서 인턴 자리를 구할 때였다. 루이즈는 그 광고회사의 사장과 알고 지내는 이사회 임원에게 전화를 걸어 딸이 들어갈 수 있는 자리를 부탁했다. 물론 그 임원과 루이즈는 친구 관계이기도 했다. 그는 그 부탁을 받아들였고, 루이즈의 딸은 여름 인턴으로 일하게 되었다. 6개월 후 루이즈는 그 친구가 회사에 새로 생긴 중요한 자리에 도전한다는 소식을 듣게 되었다. 루이즈는 그를 승진시키고자 굳은 일도 마다지 않았다. 이것이 바로 실제로 기능하는 호혜성이다.

현실 점검과 동맹군

에드 코흐 Ed Koch 전 뉴욕시장은 시내를 돌아다니며 "제가 잘하고 있습니까?"라고 시민들에게 묻는 걸로 유명했다. 4년마다 치러지는 선거에서 유권자들은 여론조사에서 그런 질문을 듣게 마련이다. 코흐는 문제에 귀를 기울이고 매일 유권자의 질문에 응답한다면 시정을 좀더 효과적으로 펼칠 수 있다고 생각했다.

뉴욕시장 선거보다 더 자주 선거가 벌어진다는 점을 제외하면 사정은 회사에서도 마찬가지이다. 최고 경영자는 1년에 한 번씩 여러분의 실적을 검토하고, 때에 따라서는 몇몇 사람들에게 "잘했어"라는 말을 던지기도 한다. 하지만 현실을 직시하자. 연례 평가가 벌어지는 시점에서 다음해를 보장하고자 실질적인 변화를 추구하기에는 너무 늦다.

우리가 여러분에게 제안하는 것은 자신의 실적은 물론 다른 사람이 자신에 대해 어떻게 생각하고 있는가를 확인하는 '지금 여기'의 점검이다. 이는 믿을 만한 사람들에게 날마다 물어봐서 듣는 허심탄회한 대답이어야 한다. 물론 다른 사람들의 사무실을 돌아다니며 머리를 불쑥 내

밀고 자신이 요새 어때 보이느냐고 묻는 아닌 밤중의 홍두깨 식이어서는 안 된다. 물론 그렇게 해도 상관은 없겠지만, 어처구니없는 친구라는 인상을 주게 된다는 점은 충분히 고려하는 편이 좋겠다. 그렇다면 어떻게 해야 할까? 대답은 간단하다. 자신의 동맹을 활용하라. 자기 자신 만큼이나 매우 적극적인 자세를 가진 동료, 혹은 무엇이 문제인지를 아는 동료, 말하자면 자신이 그들에게 투자한 만큼 자신에게 투자한 사람으로부터 반응이 가장 확실하게 현실을 점검할 수 있게 해준다.

만약 자신의 프레젠테이션이 회의 참석자들을 감동시키지 못했다면, 동료에게 그 이유를 물어봐야 한다. 자신이 최근 채용한 직원이 부서에서 마찰을 일으킨다면, 동료를 통해 문제에 대한 정보를 얻을 필요가 있다. 만약 고객과의 저녁식사에서 던지는 농담이 분위기를 싸늘하게 만들곤 한다면, 이 문제를 두고 동료와 상의해야 한다. 이와 반대로, 만약 자신이 정곡을 찔러 고위 경영진을 열광시켰다면 옆에서 박수를 보내는 동료가 있어야 한다.

스티븐 하센Stephen Hassen은 미국 중서부에 있는 대규모 제조업체의 고위 관리자였다. CEO는 스티븐에게 전체 직원회의에서 새로운 부사장의 부임을 발표해달라는 부탁을 받았다. 하지만 이것은 단순한 일이 아니었다. 신임 부사장은 가혹할 정도로 경비 절감에 목을 매는 사람으로 업계에 소문이 나 있었고, 게다가 일하기 까다로운 사람으로 통했다. 직원들은 새로운 인물의 정체를 몰랐다. 새로 올 부사장이 자신들의 자리를 위협하고 근심과 걱정의 나날을 보내게 할 사람이라는 사실은 더더구나 몰랐다.

신임 상사와 직원들의 사이에 낀 스티븐은 난처했다. 자신의 입으로는 말할 수 없는 많은 일이 생기리라는 것은 불을 보듯 뻔했다. 그는 같이 일해온 직원들을 최대한 안심시키고, 그들에게 신임 상사의 직업관을 설명하면서 앞으로 펼쳐질 험난한 길에서 살아남을 수 있도록 실마리를 제공해야 했다. 그리고 자신의 지위에도 전혀 해가 가지 않도록 이 일을 해야 했다(제6장에서 새로운 상사 밑에서 살아남는 방법에 대해 집중적으로 논의한다).

회사 직원들 앞에서 펼친 스티븐의 연설에 큰 문제는 없었다. 안심할 수 없었던 그는 동맹자로부터 신임 부사장에 관한 내용이 괜찮았는지, 무심결에 돌이킬 수 없는 실수를 범하지 않았는지 점검받을 필요가 있었다. 동맹 중 한 사람이 연설 내용을 평가해주었다. 그는 스티븐에게 모든 사람이 행간에 숨어 있던 뜻을 파악했으며 앞으로의 일을 대비할 수 있게 되었다고 했다. 즉, 스티븐의 연설은 신임 부사장과의 관계를 위태롭게 만들지 않으면서도 하고 싶은 말을 다 한 셈이었다.

톰 기객스Tom Gegax는 자신의 책《인생이라는 게임에서 이기는 법 Winning in the Game of Life》을 통해 동료의 힘으로부터 얻을 수 있는 최대의 이점은 그들이 제공하는 조기경보라고 주장했다. 기객스에 따르면 동료는 우리가 이미 알고 있기는 하지만 그 말을 듣기 전까지 인식하지 못했던 대답을 줄 수 있다.[5] 동료들의 피드백을 통해 현재 자신이 가는 방향이 올바른 것인지, 주의해야 할지를 결정할 수 있는 신뢰할 만한 현실 점검을 할 수 있게 된다.

[5] Tom Gegax, *Winning in the Game of Life: Self-Coaching Secrets for Success* (New York : Harmony Books, 1999), pp.212~213.

정보는 세 번 확인하라

적재적소에 있는 동료에 의해 무방비상태에 처하지 않게 되고, '왜 그걸 몰랐을까'의 상황에 부딪친 자신의 모습을 인식하는데 도움을 준다는 사실은 아무리 강조해도 지나치지 않다. 올바른 정보는 다가올 재난을 예방하며 자신이 몰랐던 회사 안팎에 존재하는 새로운 기회를 드러내 주기도 한다. 밖에서 흐르는 무수한 사실의 강물을 이용하는 방법은 다양하다. 만약 수많은 정보 중에 자신이 선택한 특정 정보를 기초로 하여 어떤 행동을 하기로 했다면, 삼세번의 규칙을 따르는 것이 현명하다. 여기서 주의해야 할 점은 전혀 관계가 없는 세 군데의 소식통으로부터 확인된 정보를 이용해야 한다는 것이다. 그러나 '전혀 관계가 없는 소식통'이라는 말에 주의를 해야 한다. 이때는 동맹에만 기댈 수 없는 시점이기 때문에, 자신이 속한 조직 밖으로 나가 확인 절차를 거칠 필요가 있다. 물론 동맹자들로부터 필요한 연락처를 받아 확인 절차에 착수할 수 있다.

제과 사업을 시작하기 전 이 삼세번 규칙을 활용했던 사비나 멀둔Sabina Muldoon의 이야기가 적절한 예일 수 있겠다. 뉴욕 주 로체스터Rochester에 본사를 둔 스페셜티 컨펙션사Specialty Confections에서 사비나는 수석 부사장을 맡고 있었다. 전국에 팔리는 초콜릿 브랜드 마케팅과 프로모션이 사비나의 임무였다. 10년 이상 근무하면서 사비나는 회사의 성장과 함께 자신의 경력과 명성을 키워나갔다.

사비나는 1년이라는 시간을 들여 새로운 초콜릿 바 브랜드 출시를 준비했고, 마침내 그날이 다가오자 무척이나 흥분한 상태였다. 그러던 어느날 회사 근처에서 커피를 마시고 있던 사비나는 우연히 뒷자리에서 누군가가 전화하는 소리를 듣게 되었다. 놀랍게도 그 사람은 자기 회사 마케팅 예산의 대규모 감액에 대해 이야기를 하고 있었다. 대화는 더 구체적으로 진행되었다. 분명히 그 사람은 경쟁사의 누군가와 이야기를 나누고 있었고, 화제에 오른 상품은 바로 자신이 준비해왔던 초콜릿 바였다.

사비나는 두 가지 소득을 얻은 채 사무실로 돌아왔다. 하나는 자신이 엿들었던 이야기가 사실인지 확인할 필요가 있다는 점이었고. 두 번째는 공공장소에서 큰소리로 통화하는 사람에 대해 앞으로는 절대로 불평하지 않겠다는 것이었다. 마케팅 예산의 축소는 좋은 징조가 아니라는 사실을 잘 알고 있었기 때문에 사비나는 우선 회계부서의 친구에게 전화를 걸었다. 이 친구는 절대로 다른 사람에게 이야기해서는 안 된다는 다짐을 받고는 사비나가 담당하는 브랜드들의 예산이 이사회에서 많이 축소되었다는 사실을 확인해주었다. 사비나는 다시 생산 담당 부사장에게 전화를 걸었다. 이 사람은 물류부서를 담당했을 때부터 사비나와 동맹 관계를 맺었었다. 그는 사비나가 들은 얘기를 직접적으로는 확인해주지 않았지만, 사실상 설비를 재편성하고 있으며, 생산 스케줄을 바꾸고 있다는 소식을 전했다. 중서부의 도매업자에게 건 세 번째 전화에서는 큰 성과가 있었다. 이 업자는 확실한 소식통으로부터 스페셜티 컨펙션사가 다른 두 개의 부문과 함께 사비나의 브랜드를 매물로 내놓았다는 얘기를 들었다고 말해 주었다. 의심이 확증되었다! 그것도 세 번씩이나!

하지만 이는 좋은 소식이었다. 사비나는 항상 직접 사업을 하고 싶어 했다. 만약 그 일에 착수해야 한다면 지금이 완벽한 시기였다. 사비나는 고위 경영진과 미팅을 통해 남아 있는 고용계약사항들을 말끔하게 처리해달라는 요구 대신 자신의 브랜드들을 사들이고 싶다고 했다. 3개월도 지나지 않아 멀둔 제과가 런칭되었다!

동맹의 악화

동맹을 맺는 데는 수많은 이점이 있지만 위험이 전혀 없다고도 말할 수 없다. 가장 큰 위험 중 하나는 자신이 원하는 것과 같은 인정, 보상 혹은 승진을 놓고 가장 강력한 동맹자와 필사의 대결을 펼치는 경우이다. 이때 잠복해 있던 '왜 그걸 몰랐을까'의 순간이 찾아오기도 한다. 과연 이런 상황에 정말로 자신이 처하게 될 가능성이 있는지 알아보는 한 가지 방법은 자신이 속한 조직의 분위기가 경쟁적인지 협조적인지를 따져보는 것이다.

경쟁적인 분위기 속에서는 언제나 승자와 패자가 생기며 결과적으로 모든 사람이 가장 주목받는 스타가 되고자 한다. 상호 협조적인 분위기에서는 개인의 성취는 상대적으로 덜 평가받는 경향이 있다. 그런 분위기에서는 전체로서의 조직을 위한 성공이 궁극적인 목적이기 때문이다.

이러한 두 문화를 구별하는 가장 쉬운 방법은 보상 제도를 따져보는 것이다. 협조적인 문화에서 상여금은 개인적 성과와 팀의 성과를 합한 것을 근거로 지급된다. 경쟁적인 문화에서는 개인의 성과가 중요하지 그 외의 성과는 거의 고려되지 않는다. 조직은 본질적으로 스프린터와 같은 개인 선수가 금메달을 따는 육상팀처럼 움직이든, 혹은 모든 이가 팀의 승리를 위해 뛰는 잘 훈련된 농구팀처럼 움직이든, 둘 중 하나의 유형에 속한다.

만약 경쟁적인 문화 속에서 금메달을 따려고 한다면, 생존은 홀로 끝까지 돌격하는 것이며, 중간에 멈추어서는 안 된다. 협조적인 문화에서는 반대로 팀의 승리는 협동하는 모든 구성원들에 의해 규정된다. 여기서의 생존은 개인들의 외적인 경쟁과는 별 관련이 없다. 경쟁적이든 협조적이든, 여러분은 자신이 속한 조직의 에고 시스템ego system을 잘 파악하고 동료와 협동하거나 경쟁을 하여 정상에 오르는 길을 찾아야 한다.

회사의 에고 시스템

우리의 유전자 안에는 경쟁심이 들어 있다. 모든 생태계의 구성원들은 생존을 위해 가혹한 경쟁을 벌인다. 우리는 쉽게 이러한 사실을 확인할 수 있다. 최고가 되려고 펼치는 경쟁은 어린아이들이 뛰어노는 운동장에서부터 회사의 회의실에 이르기까지 모든 사람들에게 유전적으로 내재해 있기 때문이다. 스티븐 핑커Steven Pinker는 자신의 저서인《마음은 어떻게 작동하는가How the Mind Works》에서 "경쟁심은 생물학적으로 내재해 있는 동기로부터 발생하여 우리로 하여금 다른 사람과 갈등을 빚게 한다. 그리고 우리의 뇌는 다음 세대에서도 살아남고자 하는 유전자들의 무서운 경쟁인 자연 선택에 의해 모양새가 형성되었다. 이 때문에 지구상의 모든 유기체가 한 세대에서 후대의 몇 세대까지 살아남을 수 있는 여지는 충분하지 않다. 따라서 자신을 복제하는 데 성공하는 유기체들은 어느 정도 다른 유기체들을 희생시키는 법이다" 라고 했다.[*]

자신의 조직이 경쟁적인지 혹은 협조적인지를 판단하기 쉽다고 생각하는 사람이 많다. 하지만 한 조직의 문화는 단지 전체 조직을 거느리는 리더십만의 문제가 아니다. 조직 문화는 개별 부서들을 지휘하는 리더들의 행동이나 기대를 반영하고 있기 때문에 조직의 유형에 관한 판단은 생각보다 쉽지 않다. 예를 들어, 협조적인 분위기의 회사 내에 경쟁적인 부서가 있을 수 있고, 경쟁적인 분위기의 회사 내에 협조적인 분위기의 부서가 있을 수도 있다. 그러므로 자신의 직속상관이 어떤 사람인지 잘 파악하는 것이 중요하다. 그 사람이 바로 분위기를 지배하는 사람이기 때문이다.

정보는 권력이다

회사라는 에고 시스템에서 동료들 간의 싸움은 주로 자원의 희소성 때문에 일어난다. 여기서 희소성이란 접근 권한을 의미한다. 접근 권한은 무척이나 중요하며 또한 그냥 주어지지 않는다. 접근 권한을 가지면 적

---

* Steven Pinker, *How the Mind Works* (NewYork : W.W, Norton & Company, 1997, pp.48~58.)

절한 권력 집단에 속하여 자기 자신을 과시할 수 있는 기회를 얻는 동시에 가치 있는 조직의 내부 정보를 얻게 된다. 즉, 정보는 권력인 셈이다.

보통 접근 권한을 얻고자 하는 사람은 머리를 잘 써야 한다. 판돈이 커지면 커질수록 게임 참여자들 간에는 경쟁이 심해지기 때문에 예사롭지 않은 행태들을 목격할 수 있기 때문이다. 회사의 말단 관리자들 중에는 상사에게 접근하고자 매일 함께 출근하는 사람을 바꾸는 사람도 있다. 함께 식사할 기회를 얻으려 회사 고위 경영진들이 자주 드나드는 레스토랑 지배인과 친분을 쌓으려는 중역들도 있다. 심지어 CBS 방송국에서는 회장과 가까이 지내기 위해 네 명의 고위 경영진이 모두 뉴욕시의 교외로 이사한 적도 있다.

뉴욕 최대 금융기관들 중 한 곳의 CEO는 어느날 회사의 투자은행장이 올해 안에 사임한다고 발표했다. 사내의 모든 이들, 은행업계의 중역들과 일하는 몇몇 헤드헌팅사는 그 자리를 두고 존 로저스John Rogers와 그레그 덴스모어Greg Densmore라는 두 명의 핵심 인물이 경합을 벌인다는 사실을 알고 있었다. 이 둘은 회사 내에서 가장 큰 부서를 성공적으로 이끄는 사람들로서 어느 누가 은행장 자리에 앉아도 손색이 없을 정도였다.

상황은 존 로저스가 더 유리한 위치를 차지하고 있었다. 월스트리트에서 '업계의 황제' 중 한 사람으로 알려진 존은 CEO와 오랜 기간 함께 일을 해온 사이였으며, 회사에 큰 수익을 얻게 해주었고 업계에서도 특별 대접을 받는 사람이었다. 존의 경쟁자인 그레그 덴스모어는 경력은 조금 부족하지만 그 역시 회사에 큰 이익을 가져다주었고 좋은 평판과 함께 카리스마가 넘치는 야심가였다.

그레그 역시 투자은행을 이끌고 싶었지만, 차기 은행장 자리는 분명히 존에게 돌아갈 듯 보였다. 위치 선점을 고민하던 어느 날 갑자기 그레그는 런던으로 발령을 받았다. 유럽 지역을 맡아달라는 취지였다. 그레그는 발령을 경주에서 탈락했다는 의미로 받아들였다. 동료들도 CEO의 인사 결정을 존에게 길을 내어주기 위한 좌천으로 평가했다. 그 순간 그레그는 좌절하는 대신 자신의 존재감을 드러내고 새로운 고객들과의 네트워크를 형성하며 가치를 증명하기 위해 노력하고자 했다. 그리고 가장 중요하게는 고위 경영진에 대한 확실한 접근 권한을 얻을 수 있도록 1년 동안의 전략 계획을 짰다.

그레그는 우선 홍보회사에 의뢰하여 유럽과 미국 양측의 금융계에서 자신의 이름이 계속해서 돋보이도록 했다. 그리고 뉴욕을 떠나기 전, 돈과 인맥을 이용하여 뉴욕의 한 자선단체 회장직을 맡았다. 회장을 맡게 되면 정기적으로 뉴욕에 모습을 드러내야 한다. 런던에 도착한 그레그는 역시 홍보회사로 하여금 런던에서 자신이 새롭게 맡은 업무에 대해 보도자료를 뿌리도록 했다. 그런 후 그는 사내 메일을 통해 은행 전 직원에게 자신이 새로 맡은 업무를 어떻게 마음속에 그리고 있는지 개괄하고 앞으로 회사의 성장에 유럽 지역이 얼마나 중요한지를 설명했다. 또한, 그레그는 사람들에게 경조사가 있을 때마다 매우 인상적이며 재치 넘치는 선물을 보냈다. 9개월 동안 그레그는 런던에서 보기 드문 성공을 거두었고 자선단체의 일로 뉴욕에 돌아올 때마다 CEO와 만나는 시간을 대폭 늘려 갔다. 그리고 예상대로 그레그는 뉴욕으로 복귀했으며 투자은행장으로 임명되었다. 접근 권한과 존재감을 극대화시키기 위한 그레그의 노력이 성공한 것이다.

그레그 텐스모어는 모든 관리자들이 그러한 것처럼 접근 권한의 중요
성을 잘 알고 있었기에 회사의 경쟁적인 에고 시스템을 자신만의 스타
일로 세련되게 이용했다. 또한, 인맥을 관리해나가는 데 있어서 그리고
자신이 원하는 자리를 얻는 데 궁극적으로 무엇이 중요한지 파악하는
데에 있어서도 일가견을 보여주었다.

물론 접근 권한을 얻는데 그레그 텐스모어의 경우처럼 큰돈을 들이거
나 극단적으로 나갈 필요는 없다. 하지만 이 이야기에는 중요한 교훈이
더 남아 있다. 자신이 설정한 목표를 달성하려면 보통의 방법과는 다른
수단을 써야 할 때도 있다는 점이다. 우리는 정말 별 볼일 없는(매력은
있으나 능력은 거의 없는) 사람, 영원히 하급 관리자의 자리에 머물러 있
을 듯한 사람을 알게 되었다. 하지만 그에게는 야심이 있었다. 그는 자
신의 상사가 다니는 미용실을 찾아낸 것과 동시에 그와의 면담 약속을
얻어냈다. 이야기를 짧게 줄이자면, 그는 결국 회사의 부사장 자리에 올
랐다.

동료들과의 경쟁 상황에서도 그레그가 사용한 전략과 끈기를 이용할
수 있다. 다음은 우리의 제안이다.

- 승진이나 새로운 직위를 차지하는 데에 의표를 찔렸다고 해도 낙담
  하거나 단념하지 마라. 일단은 호흡을 가다듬어라.
- 언제나 자신의 존재감을 드러내는 전략을 짜라. 고용과 승진을 담당하
  는 경영진의 레이더망에 항시 걸려 있도록 방법을 마련하라.
- 자신의 업무 목표를 초과 달성하고 모든 사람이 그 사실을 인지하
  게 하라.

- 자신의 힘으로 큰 파도를 일으키지 못한다면, 홍보회사나 언론에 연줄이 있는 사람에게 도움을 구하라.
- 자신이 낸 성과에 비해 더 큰 인정을 받을 모든 기회를 이용하고 그 위험을 감수하라.

우리가 제안한 접근 권한을 얻기 위한 방법 중 몇 가지는 다소 극단적으로 들릴 수도 있지만, 다음과 같은 사실을 기억해야 한다. 자신이 언제나 다른 사람과 경쟁관계에 있다는 것 그리고 다른 사람들이 정정당당한 방법만 사용하리라고 믿어서는 안 된다. 따라서 무엇으로 권력자에게 다가가 자신을 내세울 수 있는가의 문제는 하나의 도전일 수 있다. 이는 보스의 쾌감대를 건드리는 문제이며, 성공 여부에 따라 자신이 정보에 정통한 위치를 차지하느냐 혹은 무방비상태에 처하느냐의 문제로 귀결된다.

접근 권한을 얻기 위한 문제 중 마지막으로 주목할 사항이 있다. 자신의 상사보다 윗자리에 있는 사람에게 접근할 수 있는 권한을 얻고자 할 때는 무척이나 세심한 주의가 요구된다. 자신의 지위가 확고하지 못할 때는 동료나 상사에 대한 이야기를 사장과 허심탄회하게 나누는 것도 문제의 소지가 된다. 겉으로 보기에는 아무런 해가 없는 듯한 행동조차 다른 사람들의 눈에는 상사를 무시하는 월권행위로 비치며 심지어는 반항하는 태도로 보이기도 한다. 이러한 상황에 대처하는 최고의 방법은 그런 일이 일어나기 전에 잘못된 인식을 제거하는 것이다. 예를 들면, "위에서 저를 보자고 하십니다. 나중에 둘이 나눴던 대화 내용을 알려 드리겠습니다"라는 이메일을 자신의 상사에게 보낸다. 물론 그러고선

가능한 빨리 사후 보고를 한다.

존재감의 추구와 위험 감수

심각한 위험을 감수해야 하거나 심지어는 경력의 방향성을 바꿔야 할지도 모를 경쟁 상황에서 자신의 존재감을 확대시키는, 따라서 접근 권한을 늘이는 다양한 방법이 존재한다. 나의 능력에 자신이 있고, 재능을 발휘할 공간을 개선하고 싶고, 나만의 변별력을 만들고 싶으며, 사내에서 시야를 확장시키고 싶다면 도박을 해볼 가치가 있다. 하지만 도험에 뛰어들기 전에 보다 강력한 탈출 전략을 준비해두어야 한다.

CBS의 낸시 C. 위드만은 주사위를 던질 때를 현명하게 찾아내어 기회를 잡았다. 낸시는 회장실로부터 어떤 제안을 받았는데, 그것이 과연 회사의 윗자리로 고속 승진시켜주는 것인지 혹은 적어도 승진 사다리에 안전하게 매달려 있게 해주는 것인지를 판단해야 했다.

낸시는 지난 5년간 CBS에 몸담아 왔으며 회장실로부터 회사의 중역인 인사 담당 부사장 자리를 받아들이겠느냐는 제안을 들었을 때는 라디오국에서 세일즈 매니저로 일하고 있었다. 낸시는 매우 조심스럽게 제안을 저울질했다. 낸시의 경력은 특별한 걸림돌 없이 미래를 향해 순항 중이었다. 그때까지 낸시는 여러 라디오국의 세일즈 업무를 맡았었으며 그 분야의 일을 좋아했다. 인사부로의 전근은 더는 세일즈와 관련된 방송 업무를 하지 못한다는 것을 의미했고, 이 점이 마음에 걸렸다. 더군다나 낸시에게는 자신의 동료가 승진 경쟁에서 자신보다 앞서 나가게 될지도 모른다는 걱정도 있었다. 그리고 인사부의 일은 낯선 영역이었으며 새로운 분야의 일을 훌륭하게 처리할 재능이 자신에게 있는지 꽤 신경이 쓰였다. 반면에 새로운 자리에는 부사장 명함이 따라붙고, 자신의 지식을 크게 확장시켜 주는 측면도 있었다. 이보다 더 중요한 요소로서 그 자리는 CBS에서 존재감을 극적일 정도로 부각시켜주는 면이 있었다. 낸시는 주사위를 던지고 제안을 수용하기로 했다. 그리고 올바른 결정을 했다는 생각이 들기까지 오랜 시간이 걸리지 않았다. 우선 새로운 직함 때문에 즉각적으로 고위 경영진에 대한 접근 권한이 커졌다. 인사를 담당하는 부사장으로서 방송국의 각 운영 부서를 위해 다이버시티 트레이닝diversity training(다양한 배경을 가진 직원들을 고용하여 하나의 목표를 위해 효과적으로 매진하도록 고안된 훈련 — 옮긴이) 고안을 도왔다. 또한, 대학 캠퍼스에도 고용 프로그램을 운영했다. 이러한 프로그램들을 운영하면서 낸시는 각 부서 책임자들과의 직통 라인을 만들 수 있었다.

이후 6개월 동안 낸시는 고위 경영진들만 참가하는 이벤트, 대회 그리고 간부회의에 참석할 수 있었다. 자신의 얼굴을 아는 사람이 하루가 다르게 늘어 갔지만, 언제나 이전 부서의 경영진들과 소통할 수 있도록 연락 라인을 열어두었다. 낸시는 라디오국의 관리자들과 정기적으로 만났고 시간이 날 때마다 라디오 업무에도 동참했다. 2년을 그렇게 인사부에서 보내고서 낸시는 CBS 라디오 세일즈팀의 수석 부사장으로 임명되었고, 8년 후에는 라디오국 국장이 되었다. 모험을 했던 대가가 모두 되돌아왔다. 이는 부분적으로는 낸시가 일선에서 간부 자리로 올라가는 모험이 갖고 있는 위험이 오히려 자신의 존재감을 드러내주고 고위 경영진들에 대한 접근 권한을 얻을 수 있는 더 많은 기회로 상쇄된다는 점을 잘 이해하고 있었기 때문이기도 하다.

낸시는 자신에게 다가온 위험할 수도 있는 기회를 잡아 경력의 방향을 크게 틀어 일사천리로 앞을 향해 나아갔다. 하지만 위험 감수는 아무나 할 수 있는 일은 아니다. 다음은 자신에게 닥친 도박이 해볼 만한 가치가 있는지를 따지는 데에 도움이 되는 항목들이다.

- 위험 감수 때문에 자신이 동료보다 뒤처질 수도 있다는 사실을 받아들일 수 있는가?
- 일이 제대로 풀리지 않을 때, 떠날 준비가 되어 있는가?
- 현재 발동 중인 탈출 전략을 가지고 있는가?
- 자신의 시장가치를 높여줄 수 있는 새로운 것을 배울 의지가 있는가?
- 위험 감수를 통해 고위 경영진에 대한 접근 권한을 얻게 되는가?

자 기 자 리 찾 아 앉 기

접근 권한을 얻는다는 것은 어느 자리에 앉아야 하는지의 문제만큼 때로는 간단하다. 뛰어난 선수는 이사회, 간부회의 혹은 대회든 가장 노출 빈도가 높은 자리를 선택하여 끊임없이 접근 권한을 확보하는 데에 일가견이 있는 사람이기도 하다.

자리 앉기의 정치학은 보스가 앉는 자리가 정해지면서 시작된다. 보스는 모든 것의 중심이다. 진정한 힘을 휘두르는 권력자는 보스의 오른쪽에 앉는다. 그다음은 보스의 왼쪽 자리에 앉는다. 흔히 간과되곤 하는 서열 3위는 보스와 시선을 직접 마주 보게 되는 맞은 편 자리에 앉게 된다. 따라서 만약 서열 1, 2위 자리가 정해져 있다면, 조용히 넘버 3의 자리에 가서 앉아라. 하지만 그 경우 자주 이름이 불리기 때문에 모든 문제에 대답할 수 있는 만반의 준비를 하고 회의실에 들어가야 한다.

페어플레이만 있는 것은 아니다

대부분은 공정한 경쟁이 이루어진다. 대부분은 재능에 대한 보상을 받는다. 대부분은 괜찮은 친구(혹은 적어도 가장 좋은 연줄을 가진 친구)가 승리한다. 하지만 때로는 접근 권한과 존재감을 둘러싸고 패배감을 느끼는 사람 중에 동료를 배신하는 경쟁자가 있다. 이런 사람은 자기 경력에 해로운 요소가 된다.

위기에 몰린 동료는 저격수로 나서거나, 다른 동료의 능력에 대해 의심을 퍼뜨리는 데에 능수능란하다. 또한, 그들이 선택하는 무기의 종류에 '입에 발린 칭찬feint praise'이 들어 있다는 지적에는 일리가 있다. 대부분의 사람은 e 대신 a가 들어간 단어 faint를 사용한 '내키지 않는 칭찬faint praise의 사람들은 저주'라는 표현에 더 익숙하다. 하지만 '입에 발린 칭찬'을 하는 사람의 동기는 이보다 좀더 음흉하다. 상대방을 속이려고 즉, 그런 칭찬을 통해 당신을 비겁하게 몰아내려는 것이다. 따라서 '상대방을 속이고자 행하는 동작' 즉, 진짜 의도하는 곳이나 공격 지점으로부터 상대방의 주의를 돌리도록 다른 곳이나 지점을 목표로 삼

는 공격이라는 뜻을 담고자 feint를 사용한 것이다.[6]

　불안한 상황에 부닥친 동료는 적재적소에서 (보스에게) 별것 아니라는 듯이 입에 발린 칭찬을 흘리고 다니는 섬뜩한 짓을 하곤 한다. 보통의 사람들은 그런 중상모략을 하지 않기 때문에 때로 우리는 동료끼리 그런 친구들이 얼마나 접대성 비즈니스를 좋아하는지 농담을 던지곤 한다. 여하튼 입에 발린 칭찬은 분명한 중상모략이다. 이는 겉으로는 동료를 죽이는 행위라고 보이지 않게 만들면서 실제로는 동료를 살해하는 교묘한 행위이다. 입에 발린 칭찬은 그런 소리를 듣는 사람의 마음에 의심의 씨앗을 심어준다. 그리고 입에 발린 칭찬을 파악하기란 매우 쉽다. 현재 아래에 열거한 사항 중 한 가지라도 그런 말을 듣고 있다면 큰 문제로 다가올 가능성이 높다.

◎ 사람은 착해.

◎ 혼자만 바빠.

◎ 요새 지내는 모습을 보면, 하루하루 버티는 게 신기해.

◎ 스트레스는 혼자 다 받고 있어.

◎ 다른 건 어찌 되었든, 괜찮은 친구야.

◎ 그 친구 요즘 좀 다르게 보이지 않아?

◎ 요새 정신이 다른 곳에 가 있는 것 같아.

◎ 훌륭하게 일을 처리하고 있어. 그런대로…….

6 www.dictionary.com 2006년 10월 14일 인용. http://dictionary.reference.com/browse/feint

이런 입에 발린 칭찬들에 대해 어떻게 대처해야 할까? 우선은 대수롭지 않게 넘겨서는 안 된다. 그런 말들은 우연히 나온 것이 아니다. 그런 말들은 자신을 무방비상태에 처하게 하려고 교묘하게 고안된 시도이며, 그런 말을 내뱉는 사람은 단순한 경쟁 상대가 아닌 이미 자신에 대한 모든 것을 반대하는 적대자라는 뜻이다. 이러한 적대자를 다룰 때, 두 가지 선택이 존재한다.

1. 침착하게 그런 상대를 혼자만 따로 불러내어 "꺼져!"라고 분명히 전한다.
2. 자신이 아는 모든 인맥으로부터 적대자를 완전히 동결시키고 고립시킨다.

하지만 고위 경영진에게는 그런 일을 보고하거나 똑같은 게임에 말려들어서는 절대 안 된다.

우리는 모두 함께 일하는 사람들이 같은 목표를 공유하고 서로 이해를 배려해주는 동료이기를 믿고 싶다. 스스로 바보가 되어서는 안 된다. 아직 그런 정도까지 되지 않았다면, 혼자라도 냉소적인 자세에서 빠져나와야 한다. 그렇다, 당신이 신뢰할 수 있는 사람들은 얼마든지 있다. 그리고 그런 사람들을 찾아내었다면 그들과 함께 하라. 그들은 혼자서는 결코 이룰 수 없는 것을 당신의 경력이 지속하는 동안 성취할 수 있는 도움을 준다.

우리 셋에게는 예전부터 함께 하는 동료가 있으며, 그들은 여전히 지침을 제시하고 모든 면에서 우리를 격려해준다. 하지만 비즈니스 세계는 고도로 경쟁적인 사회이며 때로 그러한 경쟁은 사람들에게 최악의 사태를 맛보도록 한다는 사실을 잊어서는 안 된다. 따라서 모든 것에 주의를 해야 한다. 그렇게 함으로써 동료의 의도와 동기를 더욱더 잘 파악할 수 있게 된다. 우리들의 생각으로는 완전하게 무방비상태에 빠지기보다는 약간은 냉소적인 자세가 낫다.

1. 자신만의 동맹군을 만들어라.

2. 믿을 수 있는 동료와 사적인 거래 협정을 맺어라.

3. 현실 점검에 허심탄회하게 응해주는 동료를 찾아라.

4. 정보를 세 번 확인하는 것을 잊지 마라. 전혀 관계없는 소식
   통을 이용해 모든 소문을 확인하라.

5. 회사의 업무 풍토가 경쟁적인지 협조적인지 평가하라.

6. 만약 존재감과 접근 권한을 증대시킬 기회라면 자신의 경
   력을 걸고 모험을 감행하라. 하지만 제대로 되지 않을 때를
   대비하여 회사를 그만둘 수도 있는 탈출 전략과 계획을 동
   시에 짜야 한다.

7. 입에 발린 칭찬에 대해서는 남들의 눈을 피해 대처하라.

5 팀 플레이의 기술

1866년, 독일의 철학자 프리드리히 니체는 "광기는 개인들에게서는 예외적으로 나타나지만 집단에서는 통상적으로 나타난다" 라고 경고했다. 두 세대 후, 윈스턴 처칠은 한 발 더 나아간다. "위원회는 일군의 무능한 사람들 즉, 불필요한 것들을 성취하고자 하는 무식한 사람들이 임명한 집단이다."

팀에서 일을 해 본 대부분의 사람은 니체와 처칠의 말이 무슨 뜻인지 정확하게 이해할 것이다. 즉, 업무 차질, 빡빡한 일정, 중상모략, 권력 다툼 그리고 게으르거나 잔머리를 굴리는 팀원들로 인해 초래된 엉망진

Friedrich Nietszche, *Beyond Good and Evil*, 1886, Aporism 156, http : //en.wikiquote.org/wiki/Friedrich… Nietzsche, 2006년 10월 14일에서 인용.

Winston Churchill, James Hunter, *The wit & Wisdom of Winston Churchill* (New York : Harper Collins, 1995)

창인 상황을 경험할 수 있다. 설사 아무리 팀원들이 자율적이고, 자리를 지키지 않아도 분명한 결과를 내며, 다재다능하고 포지션을 넘나들며 활약을 한다고 해도 이야기는 다르지 않다. 다른 사람들에 비해 뛰어난 한 개인이 제공하는 월등한 기여와 충격으로 말미암은 분란 그리고 이 탓에 야기되는 사기저하나 스타 시스템을 회사는 원하지 않기 때문이다. 또한, 팀 제도를 폐지하려 드는 회사도 없을 것이다. 그렇다면 어떻게 해야 할까?

대부분의 사람은 공치사에 능하다는 인상을 주지 않으면서도 자신이 멋지게 해낸 일로부터 동료의 신뢰를 얻기 바란다. 그것은 팀워크를 중시하는 분위기 속에서 자신의 성취를 남들에게 드러낼 때 위화감을 주지 않도록 주의 깊은 배려가 있어야 하기 때문이다.

그렇다고 무작정 팀원들 속에 묻혀버리는 것 역시 굉장히 위험하다. 대개 팀은 익명성을 조장하고 개성을 억누른다. 자신이 한 기여는 너무도 쉽게 팀의 공동 결과물 속에 묻혀버리며, 바로 그 지점에서 당신은 위기를 맞이할 수 있다. 또한, 독립적으로 일하는 때와는 달리 팀원으로 편성되어 업무를 할 경우, 책임 소재가 불분명하기 때문에 팀원들 사이의 긴장감이 풀어지기 십상이다. 책임 소재는 전체 팀원들에게 분산된다.

스티븐 P. 로빈스Stephen P. Robbins는 《The Truth about Managing People… and Nothing but the Truth》이라는 자신의 저서에서 '책임 소재의 분산'으로 인해 개인들은 개별적으로 일할 때보다 집단적으로 일할 때 노력하기를 등한시하게 된다고 주장한다. 그는 이 현상을 '집단적 빈둥거림social loafing'이라고 부르며, 이 때문에 팀원들이 일종의 '부정적 시너지 효과'를 만들어낸다고 역설한다.[9] 다른 말로 하면 많은 팀들이 비효율적인 모습을 보이는데, 이는 각각의 팀원들이 자신들의 기여가 제대로 인정받지 못한다는 잘못된 생각에서 비롯된 것이다.

만약 팀으로 일하는 상황에서 벗어날 수 있다면 그렇게 하라고 말하고 싶다. 하지만(정말 큰 의미를 담은 '하지만'이다) 오늘날의 비즈니스 세계에서는 이는 가능하지도 않을뿐더러 바람직하지도 않다. 많은 직장인이 팀원으로 투입되거나 팀장으로 임명되는데, 여기서 벗어날 수 있는 근사한 방법은 없다. 대다수 조직은 개인적 성취보다는 팀워크에 더 가치를 두며, 실제로 팀원으로서 제대로 일하지 못하는 사람들에게는 벌칙이 부여된다.

그렇다면 이 말은 막강한 집단의 요구 앞에 당신 자신의 개인적 요구를 억누르며 집단 속에서 자신의 존재를 상실하거나, 심지어 다른 사람이 자신을 공격해도 괜찮다는 식으로 그냥 내버려두라는 얘기인가? 전혀 그렇지 않다.

여러 해 전, 플라잉 월렌다스Flying Wallendas라고 하는 고공 줄타기 단이 인간 피라미드를 쌓은 채 위험천만한 묘기를 보여줬다. 인간 피라미드는 맨 밑에 네 명, 그 위에는 세 명, 다시 그 위에는 두 명 그리고 마지막 꼭대기엔 한 명이 서서 완벽하게 균형을 잡았다. 이처럼 전체 팀의 안전은 각 팀원의 평형감각에 달렸다. 개별 팀원들의 생존은 단일체로서 팀이 어떻게 역할을 하는가에 의존하는 것이다.

비즈니스에서 성공을 거두고자 펼쳐야 할 도전 중 하나는 자기 자신

9 Stephen P. Robbins, *The Truth about Managing People… and Nothing but the Truth* (Upper Saddle River, NJ : Pearson Education, 2003)

을 돌보는 행위와 자신이 속한 비즈니스 단위에 요구되는 최선의 것 사이에서 올바른 균형을 찾아내는 것이다. 효과적인 팀워크는 팀 자체의 노력에서 만들어지지만, 많은 조직에서 진정한 노력은 자기 자신의 성공을 보장하는 동시에 팀의 활동이 원활하게 돌아가게끔 하는 데에 있다. 물론 이는 말처럼 쉬운 것은 아니다. 어떤 팀의 구성원으로서 자신의 개성을 지나치게 강조하다 보면 자신이 마땅히 받아야 할 인정을 받지 못하게 된다. 자신의 일정만을 고려하여 업무를 밀어붙이고 팀의 가치를 평가절하하거나 무시하면 주위로부터 고립되어 귀중한 프로젝트를 망치게 된다. 결국 팀 플레이어가 아닌 고독한 유격대원이라거나 요주의 인물이라는 딱지가 붙는다. 더불어 자신의 사기와 능력을 자신이 속한 팀 자체를 위한 기여와 연결하지 못한다면, 여러분의 경력이 삐걱거리다가 멈춰 서는 것은 불 보듯 뻔하다.

그렇다면 어떻게 윌렌다스처럼 팀 전체를 떠받치며, 다른 한편으로는 강한 추진력과 능력을 발휘하는 야심 찬 개인으로서 균형을 유지할 수 있을까? 쉽지는 않지만 아래의 세 단계를 착실하게 따라간다면 이는 성취 가능하다.

- 자신이 속한 팀을 분석하라.
- 자신의 이미지를 관리하라.
- 사장의 처지에서 생각하라.

이 세 가지 과정을 좀더 자세하게 살펴보자.

자신이 속한 팀을 분석하라

팀 내에서 활기차게 경쟁하여 승리하고 싶다면 플레이어들, 권력의 근원 그리고 목표에 대한 꼼꼼한 분석이 필요하다. 어떤 팀도 같지 않기 때문에 자신의 팀에 대해 잘 알면 알수록 승승장구할 수 있으며 좀더 좋은 균형을 잡을 수 있기 때문에 발부리가 걸려 넘어질 확률은 낮아진다. 아래는 이를 위해 도움이 될 만한 다섯 가지 단계이다.

1. 권력의 소재를 확인하라 팀의 리더는 누구인가? 팀의 방향은 누가 정하는가? 보통은 팀의 리더이지만, 어떤 경우에는 명령을 내리고 업무 활동을 지시하는 좀더 강력한 팀원이 존재한다. 때로는 리더가 누구인지 분명치 않은 일도 있으며, 이 경우 그 역할이 처음부터 자신에게 맡길 수도 있다.

2. 팀의 일정을 확인하라 현재 사안은 무엇이며, 팀에서 가장 중요한 목표는 무엇인가? 그다음으로 중요한 사안은 므엇이며, 부차적이거나 아직 드러나지 않은 목표는 무엇인가?

3. 동맹자를 주시하라 동료 팀원 중 누구와 동맹을 맺었는가? 그들은 어디에서 권력을 얻는가? 공적이든 사적이든 팀원들과 어떤 식으로 관계를 맺어서 팀에 어떤 영향이 돌아가게 하는가?

4. 능력 발굴자가 되어라 팀원들 각각은 어떤 능력을 갖췄는가? 그들 각각의 강점과 약점은 무엇인가? 승자는 누구이며 패자는 누구인가?

5. 개인차를 분석하라 동료에게 없는 자신만의 능력이 팀에 이바지

할 수 있는가?

이 점검표를 항상 지니고 다녀라. 팀의 규모나 맡긴 임무 그리고 회사에서 차지하는 팀의 지위가 어떻든 간에 새로운 팀에 합류하게 될 때마다 이 점검표를 꺼내볼 필요가 있다. 일단 당신에게 제공된 이러한 분석을 성실히 수행했다면, 팀 내의 동료와 자신을 차별화하는 다음 단계로 도전할 준비가 된 셈이다.

자신의 이미지를 관리하라

만약 팀의 운명에서 벗어날 수 없다면, 항상 팀 플레이어라는 인상을 심어주는 것이 중요하다. 절대로 튀어 보여서는 안 된다. 이러한 태도를 지녀야 자신이 속한 팀이 지속하며, 계속해서 목표를 추구하는 활동도 가능해진다. 까다롭더라도 다음의 충고를 따른다면 당신은 점점 나아지는 모습을 보일 수 있다. 또한, 다른 팀원들과 경쟁하고 있다면, 자신의 능력을 보여줄 기회를 노려라. 그리고 결정적일 때 중요한 역할을 자임함으로써 팀원들의 존경심을 얻어라.

1. 믿음직스럽고 지도력이 있는 사람이 되어라   가장 중요한 역할 중 하나는 중심을 잡아주는 일이다. 즉, 언제나 균형 잡힌 시각을 제공하며, 주변이 어수선할 때 이를 해결할 정도로 다른 사람이 언제나 의지할 수 있는 팀원을 말한다.
2. 치어리더가 되어라   계산적인 사고를 접고 주변 사람들에게 열의

로 가득한 자신의 존재를 각인시켜라. 치어리더(팀의 사기에 긍정적인 영향을 제공하는 사람)는 듣기에 따라 무척 시시해 보이는 역할처럼 보이지만, 그렇지 않다. 치어리더적인 팀원은 팀이 사태 파악에 애를 먹고 있을 때 가장 큰 힘을 발휘하며, 팀의 목표를 향해 전원이 전력할 수 있도록 사기를 북돋운다.

3. 가장 취약한 지점을 감추는 능력을 키워라 팀원들은 제각각 중요한 역할을 맡고 있지만, 모든 분야에서 슈퍼스타가 되지는 못한다. 그 결과로 각 팀원이 가진 개별적 능력은 다른 팀원들의 능력을 보완하기 마련이다. 따라서 누군가가 특정 분야에서 자신보다 취약한 구석을 보인다면 그 사람에게 힘을 빌려주어라. 언젠가 보상을 받게 된다.

4. 언제나 다른 사람을 신뢰하라 팀원으로서 노력한 결과라면 이는 팀의 승리이다. 자신의 공을 지나치게 내세워서는 안 된다. 때로는 자신이 승리하는 팀의 일원이라는 사실과 회사를 이끌고 가는 사람과 협력하고 있음을 인정받는 편이 중요하다.

5. 팀을 위해 위험을 떠맡아라 압박감에 위축되어서는 안 된다. 팀이 위험을 감수하기로 했다면 자기 자신도 그 위험을 기꺼이 떠맡아야 하며 그 결과와 함께 해야 한다. 실패에 직면하여 "그건 내 생각이 아니었어"라고 말하며, 책임을 모면하려는 사람은 누구든 신뢰받을 수 없다. 팀과 함께 생사고락을 함께한다면 팀 플레이어로서 존경을 얻게 된다.

사장의 처지에서 생각하라

자신의 이미지를 관리하는 것만으로 팀원으로서의 노력이 끝나는 것은 아니다. 협력을 중시한다는 인상을 심어주는 행동 그 이상이 필요하다. 팀에서의 승리는 사장의 사고방식을 받아들인다는 것 즉, 마치 모든 프로젝트의 결과에 자신도 이해관계를 가진 사람처럼 사고하고 행동함을 의미한다. 대부분의 사장은 최종 결과는 물론 그 각각의 과정에서도 직접적인 책임을 진다는 점에서 사장이 아닌 사람들과 다르게 사고한다. 사장은 모든 단계에서 노심초사한다. 사장은 기능적 경계를 초월하며, 조직의 목표를 좀더 수월하게 달성하는 데 필요하다면 규칙을 어기기도 하며 확대하여 해석하기도 한다. 다른 생각을 할 여지없이 꽉 짜인 팀에서는 어렵겠지만, 사장의 사고방식을 받아들이는 편이 자기 자신이나 팀에 있어서 성공을 앞당기는 최고의 방법이다. 다음은 사장의 처지에서 생각하는 방법이다.

1. 기업가적 시각을 가지고 업무를 행하라　'내가 이 회사의 소유주라면 어떻게 할 것인가?'라는 생각을 하라. 가장 뛰어난 사장들은 회사의 성공과 자신을 완전히 동일시하기 때문에 성공을 위해서라면 무엇이든 할 준비가 되어 있다. 그들은 위험을 마다지 않는다. 또한, 아주 사소한 것을 움직이는 데에도 무엇이 소요되는지 언제나 신경 쓰고 있다.

2. 회사의 순익에 영향을 줄 수 있는 구체적인 방법을 통해 가치를 창출하라　사업은 언제나 돈과 결부되어 있음을 명심하라. 성공을 거두려면 팀은 언제나 수익 혹은 부가가치를 내야 하며, 혹은 이를

창출하는 팀원을 지원해야 한다. 언제나 이런 생각을 최우선 순위로 여긴다면, 가장 신경 써야 할 부분이 순익이라는 점을 팀 전체에 각인시키는 방법을 찾아내야 한다.

3. "내가 담당하는 업무가 아닌데!"　맡은 바 임무에만 집착하다 보면 언제나 패배하기 마련이다. 이런 생각을 하고 있다면 어쩌면 자신이 담당하는 순수한 직무 내용은 팀의 업무와는 무관계한 것이 되어버린다. 전화를 받거나 파일 정리로 반나절을 보낸다고 해도, 성공을 위해서라면 무조건 뛰어들어 일을 끝마쳐라. 임무를 파악하고 이를 완수하는 것이 가장 바람직하다. 사장들은 언제나 그렇게 하고 있다!

좋다. 이제 당신은 자신이 속한 팀에서 벌어지는 일들을 처리하는 방법을 알게 되었고, 자신의 이미지를 관리하는 세련된 방법을 이미 습득했다. 게다가 사장의 처지에서 생각해야 한다는 지침도 얻었다. 이제 자신이 속하게 될 가장 기본적인 세 가지 형태의 팀과 어떻게 하면 각각의 팀 유형에서 생겨나는 난관에서 벗어날 수 있는지를 살펴보자.

동맹의 세 가지 유형과 위험성

수십 년간 회사에서 일한 경험이 있는 우리는 세 가지의 기본적인 형태가 팀에 존재하며, 그 각각에는 독특한 구성형태와 전형적인 특징이 있음을 발견했다. 또한, 각 팀의 유형마다 무방비상태에 처하게 될 가능성이 존재한다. 그리고 이 세 가지 형태의 팀은 커다란 공동의 리그를 구성한다. 자신이 어떤 업계에 발을 담고 있든지, 그것이 어떤 종류의 조직인지, 혹은 이 공동의 먹이 사슬에서 얼마나 높은 지위를 차지하고 있든지 간에 자신이 걷는 경력의 와중에 반드시 이 세 가지 형태의 팀과 만나게 된다. 그렇지만 중요한 문제는 자신의 존재를 부각시키면서도 팀의 성공에 이바지하는 바일 것이다. 아래에 제시된 형태의 팀을 살펴보고 전략을 세워보자. 공동의 리그에 속해 있는 세 가지 팀은 아래와 같다.

드림팀

표면적으로는 드림팀이 가장 완벽한 조건으로 보인다. 마치 기름칠이 잘된 기계처럼 움직인다. 상호 작용도 좋고, 팀원들 사이의 관계 또한 따뜻하고 개방적이다. 전원의 의견이 중시되며, 생각이 공유되고, 결과가 예측돼 양질의 결과물이나 서비스가 창출된다. 이런 팀이야말로 회사에 큰 이익을 가져다준다.

그러나 흥분하지 말아야 할 것이 이런 드림팀이 표면적으로 볼 때 이윤을 창출하고 원활하게 기능하는 바람직한 팀이 아닐 수도 있기 때문이다. 때로는 드림팀이 악몽일 수도 있다.

출판업계에서 선망의 대상일 정도로 뛰어난 패션 잡지 세일즈팀을 노련한 발행인이 이끌고 있었다. 팀원들 대부분은 10년 이상 함께 일해 온 베테랑들이며, 그들은 개인적인 사교로까지 연결될 정도로 화기애애한 팀 내 분위기를 자랑했다. 심지어 트레이너나 헤어드레서 정보까지 교환했고, 그 중 어떤 두 사람은 같은 인테리어 디자이너에게 부탁해 집을 꾸미기도 했다. 한 팀원은 친척이 주최하는 일류급 인사들의 파티에 팀원들 모두의 이름을 초대명부에 올려놓기도 했다. 팀이 매달 기록경신을 해대자 CEO는 주말마다 해변에 있는 자신의 별장으로 팀 전원을 초대했다. 매해 봄에는 파리 컬렉션에 참가했다. 3년차 되던 해에 발행 부수는 최고점에 달했으며, 어느 누구도 이런 승리의 행진이 막을 내리리라고는 생각하지 못했다.

하지만 경기가 악화하자, 광고 페이지들이 줄어들고 부수가 떨어지기 시작했다. 노력보다 결과가 제대로 나오진 않았지만 여전히 팀원 간의 협조체계가 완벽했던 이 팀은 서로 노고를 위로하면서 회의 때에도 사기를 진작시켰다. 아무도 좋지 않은 성과나 결과에 대해 불평하지 않았다. 자칫하다가 팀의 사기를 떨어뜨리게 될지 모른다는 불안감이 그 원인이었고, 모두들 경기가 되살아난다면 호전되리라 생각했기 때문이었다.

그러나 상황은 호전되지 않았다. 팀은 떨어진 성과에 대해 변명을 늘어놔야 했고, 고위 경영진에게 부수를 끌어올리겠다는 다짐을 해야 했다. 그들에게는 자신들이 이제까지 보여준 실적과 이로부터 파생된 자만 때문에 다른 패션 잡지들이 자신들이 차지했던 영역으로 진출하고 시장 점유율을 갉아먹기 시작하고 있다는 사실을 눈치 채지 못했다. 또한, 그들은 여전히 불확실한 경기에도 다른 잡지사들이 광고 페이지들을 기를 쓰고 늘려가고 있다는 사실에도 주의하지 못했다. 결국 진실이 그들을 덮쳤을 때, 그들은 다른 잡지사들이 "헐값으로 광고를 떼어 주고 있다"거나 "그런 식의 사업은 안 돼"라는 말로 사태를 부정했다.

부수가 떨어지고 어떤 강력한 전환점도 마련하지 못하자, 인내심이 폭발한 CEO는 결국 발행인을 해고하고 새로운 인물을 그 자리에 앉혔다. 꿈에서 깨어났을 때에는 그들은 이미 실직한 상태였다. 팀원들 중 어느 누구도 이런 사태가 오리라고 예상하지 못했다.

이 팀에 실패를 가져다준 가장 중요한 요인 중 하나는 오랜 기간 계속해서 승승장구해왔다는 사실이다. 이는 하나의 위험 신호로 받아들여야 한다. 기존에 성공을 가져다준 활동으로 긴장감을 느끼지 못한다면, 어떤 드림팀이라고 해도 자만과 자화자찬의 태도가 만연하게 되고 나태해지기 십상이다. 팀원들이 외부의 경쟁에 눈을 돌리지 못하고 팀원들 간의 내부 협력에 집중할 때, 자신이나 팀 전체의 잠재해 있는 실패의 가능성이 고개를 쳐든다. 아래는 드림팀이 자신의 경력에 해를 끼칠 수 있는 요인이다.

- 자신의 능력이나 기술에 대해 냉정한 분석을 하지 못한다.
- 과거에 성공했던 방식이 앞으로도 통하리라는 생각으로 새로운 전술을 습득하지 않는다.
- 경쟁에서 전투적 우위나 시각을 상실한다.
- 팀이 진다면 자신도 진다. 방어막도 없고, 탈출구도 없다.

만약 자신이 드림팀에 속해 있다면, 실제로 낭보와 비보가 함께 따라다니게 될 것이다. 낭보는 한동안 선망의 자리를 차지하고 있으므로 자신의 존재가 쉽게 노출된다는 점이다. 그 반대의 소식은 스포트라이트는 결국 소멸된다는 사실이다. 이런 상황에 부닥치게 되면 자기 자신도, 팀과 함께 회사에서 밀려나게 되는 위험에 내몰린다. 따라서 화려하게 각광을 받을 때, 고위 경영진에게 자신의 존재를 각인시켜 나를 위한 도약대로 활용해야 한다. 좋은 시절은 오래가지 못한다는 사실 그리고 그전에 도약을 해야 한다는 사실을 명심하라.

반 향 실 속 의 팀

업무 과부하, 도약을 위한 결정적인 순간 그리고 격증하는 이윤 탓에 숨돌릴 틈 없는 상황을 맞이했을 때 많은 회사가 새로운 팀을 만든다. 이 팀들은 어빙 L. 제니스Irving L. Janis가 말한 그룹 사고group think[10]를 가진 팀으로 변질하곤 한다. 그룹 사고란, '응집력 있는 의사결정을 내리려는 집단 내부에 존재하는 현상으로, 어떤 대가를 치르더라도 구성원들의 견해차를 억누르고 대안에 대한 평가를 미리 차단함으로써 합의된 의견을 이끌어 내고자 하는 심리학적 동기'이다. 다른 말로 하면 이는 반향실反響室이다.

팀의 리더가 어떤 아이디어를 꺼내놓으면, 이에 동의한다는 말이 팀 전체에 울려 퍼진다. "예스, 예스, 예스, 예스." 팀원들은 팀의 리더가 듣고 싶어 하는 바를 그대로 읊고, 사기저하를 유도하는 말은 절대로 입에 올리지 않는다. 이렇게 고착된 팀 분위기에서는 어느 누구도 리더의 관점에 반하는 의견을 내놓을 수 없다. 어느 누구도 비관적, 비난적, 부정적인 태도를 보일 수 없다. 팀원들은 개인적으로 권력이라고는 눈곱만큼도 행사하지 못한다. 해당 사안에 대해 거리낌 없이 의견을 내놓는 토의란 애당초 존재하지도 않는다.

반향실 사고란 종종 결점이 다분한 의사결정을 유도한다. 이런 팀의

---

[10] Irving L. Janis, *Groupthink: Psychological Studies of Polocy Decisions and Fiascoes* (Boston : Houghton Mifflin, 1982).

결정은 회사를 위한 최선의 의견보다는 팀 전원의 생존을 위한 합의를 반영한다. 반향실 팀은 어떤 반론도 하지 못하게 개성을 말살하고 창조적인 사고를 억압하는 한편, 심지어 불가피하게 좋지 않은 결과를 냈을 때는 개인을 희생양으로 삼기도 한다.

미국 전역을 포괄하는 광고 대행사 사장인 시절의 낸시 C. 위드만은 그룹 사고의 위험성을 직접 경험했다. CBS 라디오의 FM 방송국 국장인 짐 하디Jim Hardy는 CBS 프로그램의 모든 PD와 세일즈 매니저 그리고 외부 컨설턴트들을 한 팀으로 구성하여 샌프란시스코의 FM 방송국 포맷과 콜 사인을 바꾸라는 지시를 내렸다. 낸시는 이 팀에 참가해달라는 짐 하디의 제안을 받았다. 엄청난 규모의 자금이 투여된 만큼 이 프로젝트를 위해 수많은 연구가 진행되었고, 방송국을 대표하는 시그널 음악 및 방송을 진행할 재원들이 뽑혔으며, 광고 유치를 위한 주제가 테스트되었다. 하지만 그중에서 가장 중요한 방송국의 새로운 콜 사인을 선곡하라는 과제를 이 팀에 줬는데, 마케팅 관점에서 모든 이들이 콜 사인은 방송국이 내보낼 음악과 유사한 것이면 좋겠다는 의견에 동의했다.

연구를 통해 시장에 틈새가 있다는 사실이 발견되었고, 옛 유행가를 내보내는 방송국이라면 성공 가능성이 있다고 점쳐졌다. 짐 하디는 가을 청취율 보고서를 받기 전에 방송을 내보내고 제작을 시작하는 데에 안달이 나 있었다. 팀에게는 콜 사인을 정하는 데 필요한 예비 목록이 제시되었고, 짐은 'KODS'라는 콜 사인을 선택했다. 그는 KODS와 올디스105oldies105를 콜 사인과 포맷의 완벽한 조합으로 여겼으며, 다른 팀원들도 자신과 같은 생각이기를 바랐다. 일반적으로 콜 사인을 최종적으로 결정하기 전에, 연구팀은 소비자 집단으로 하여금 해당 콜 사인에 대한 청취자들의 반응을 확인하게 하여 최대한 부정적인 요소들을 추려낸다. 하지만 짐은 소비자 집단의 결론을 기다리려 하지 않았다. 새롭게 방송국을 진수시키겠다는 열망에 다급하게 팀원들에게 KODS가 최종 결정임을 수긍시켰다. 짐은 대안은 물론 반대 의견이 나올 어떤 여지도 남겨놓지 않은 셈이었다.

짐의 열정에 주눅이 든 낸시는 자신이 가진 반대 의견을 너놓지 못한 채, 선택된 콜 사인에 대해 걱정만 했다. 자신의 귀에는 KODS의 발음은 'odious' 즉, 불쾌하다는 의미로 들렸으며, 이런 콜 사인을 내보낸다면 문젯거리가 되리라 직감했다. 그러나 짐의 압력과 팀의 분위기 탓에 낸시는 아무런 말도 하지 못했다. 그룹 사고가 지배한 셈이다.

실망스러운 결과가 나오기까지는 오랜 시간이 걸리지 않았다. 엄청난 자금이 투여된 방송국이 진수되자마자, CBS 라디오의 경쟁사들이 odious라는 단어를 놓치지 않고 자신들의 경쟁 우위 선점을 위해 이 단어를 날마다 틀어댔다. CBS는 세간의 조롱거리가 되었고, 광고 유치를 위해 투여했던 막대한 자금도 그대로 사라지게 되었다. 그룹 사고가 모든 반대 의견을 질식사시킨 대가로 회사는 막대한 자금을 날리게 되었다. 그룹 사고가 진리의 목을 조를 때 나타나는 결과는 불을 보듯 뻔하다. 외부 컨설턴트들의 계약은 파기되었고, 연구 책임자도 해고되었다. 짐은 팀에 책임을 전가했으며, 이 모든 것을 지켜본 낸시는 회사 내의 다른 자리를 찾아 나설 때라고 결정했다.

한편 팀의 리더가 카리스마 넘치고 실제보다 과장되었으며 언제나 조직 내 다른 사람들의 시선을 끄는 사람이라면, 반향실 팀의 팀원인 자신에게는 이보다 더 좋은 희소식은 없다. 왜일까? 자신에게 유리하게 이를 이용할 수 있기 때문이다. 만약 자신의 목표가 승진하는 것이라면(다른 사람도 마찬가지이지만), 팀 내에 마련된 자리는 마치 자기 집처럼 가장 편안한 자리로 보일 수 있다. 팀의 리더가 일종의 슈퍼스타이자 상승 일로인 경력을 가진 사람이라면, 팀원들은 그의 덕을 보려고 한다. 드림팀과는 달리 스포트라이트는 테이블 주위에 모인 다른 사람들이 아닌 언제나 한 사람의 차지이다. 만약 그가 성공한다면 자신도 그 폭발적인 질주에 편승할 수 있다.

우리는 대단하지 않은 능력으로도 정상을 차지한 수많은 중역을 보아 왔다. 그들은 유능한 리더 옆에 찰싹 달라붙어 있는 측근들이다. 하지만 이 역시 드림팀과 유사하게, 무방비상태에 처할 위험성도 물론 존재한다. 카리스마적인 리더가 왕좌에서 물러날 때, 자신과 함께 탑승했던 모든 승무원을 배에서 끌어내리기 때문이다.

역효과를 내는 팀

팀의 리더가 통제는 아주 심하게 하면서도 방향 감각을 보여주지 못하거나 책임을 회피할 때 혹은 달성 가능한 목표를 뚜렷하게 제시하지 못할 때, 팀은 역기능적이 된다. 또한, 중간에서 우왕좌왕하게 되는 것도 다반사이다. 그러나 그렇다고 해서 이 팀에서 서둘러 뛰쳐나가서는 안 된다. 역효과를 발휘하는 팀에서 가장 눈에 띄는 특징인 지도자의 공백 은 오히려 예상치 못했던 기회를 제공하기 때문이다.

리사 베르코위츠Lisa Berkowitz는 역효과적인 팀을 맡아 마이애미에서 가장 성장속도가 빠른 글로벌 서점으로 거듭나게 했다. 리사는 사업기획 부사장직으로 계약했다. 그러나 전임자가 상사인 CFO 조 리베라Joe

Rivera 때문에 진절머리를 치다 회사를 그만두었다는 사실은 전혀 몰랐다. 리베라는 독재적인데다 자신이 직접 작성한 보고서에 따라 팀은 세밀하게 짜인 조직처럼 척척 움직여야 한다고 주장했다. 그의 요구사항 중 하나는 매일 판매 보고서를 업데이트하는 것이었는데, 한 술 더 떠 팀 회의 시간에 각각의 매니저들이 드라마틱하게 그 내용을 큰 소리로 읽으라고 주문했다. 리사는 매니저들이 회의에서 어떤 문제도 토의하지 않으며, 서로 정보를 공유하지도 않고 리베라의 제안에 절대로 반대 의견을 표명하지 않는다는 사실에 주목했다. 게다가 잔뜩 주눅이 들어 새로운 제안을 하지도 않았다. 새로운 직장에서의 성장이 심각하게 제한받고 있다는 걱정에 리사는 회사를 그만두든지 아니면 상황을 타개하고자 뭔가를 해야 하겠다고 결정했다.

리사는 보수도 좋았고 마이애미에서의 삶이 무척 마음에 들었으며, 새로운 직장에 대한 기대와 흥분으로 역기능적인 팀을 개혁한다는 도전에 뛰어들기로 마음먹었다. 그리고 많은 시간을 들여 리베라의 경영 스타일을 면밀하게 연구했고, 이보다 더 많은 시간을 할애해 무엇이 다른 팀원들을 움직이게 하는 동력인지를 살폈다. 슬슬 각각의 팀원들이 원하는 바가 무엇인지 파악되기 시작했다. 그러고서 리사는 사업기획에서 차지하는 자신의 지위를 이용하여 팀원들의 생각을 하나의 프로젝트로 통합시키고는 그들에게 계획을 마음껏 펼칠 수 있도록 해주었다. 느린 속도였지만 모든 팀원들이 리사와 정보를 나누기 시작했으며, 이를 통해 상상력이 듬뿍 담긴 몇 가지 새로운 기획안을 만들 수 있었다.

또한, 리사는 공개적으로 조를 비난하는 법이 없었다. 오히려 회의에서는 조의 의견을 신중하게 받아들였다. 하지만 리사는 점점 더 많은 문제를 제기했고 결국 일일 회의에서도 변화를 이끌게 되자, 팀원은 더욱 공개적인 정보 교환에 참여하기 시작했다. 더불어 리사는 현실을 직시하기 위해(제4장 참조) 다른 부서장에게 리베라가 자신의 제안들을 어떻게 받아들이고 있는지 평가해달라고 부탁했다. 모든 것이 긍정적이었다. 리사가 다른 팀원들을 지지하면서도 언제나 리베라를 믿고 그를 의사결정에 참여시켰기 때문에, 리베라 또한 기꺼이 그녀의 생각을 지지하고 있었다. 더군다나 리베라는 CEO가 리사의 제안들에 만족스러워 한다는 사실을 알고 더욱더 지지하게 되었다. 그 결과, 리사는 실질적인 팀의 리더가 되었고, 능력을 인정 받아 2년 후에는 리베라의 지위에 올랐다.

리사는 팀원들이 이미 긴장감과 함께 혼란스런 감정을 가지고 일을 하고 있었기 때문에 이런 역기능의 심연 속에서 귀에 거슬리는 전술을 펼쳐봤자 아무런 성과도 낼 수 없다는 사실을 인식했다. 리사는 자신을 둘러싼 혼돈을 조용한 설득 운동을 통해 극복할 수 있었다. 우선 모든 팀원들과 그들의 동기를 분석한 후에 리더의 권력을 빨아들이고 통제권을 장악했지만, 그럼에도 리더에게 변하지 않는 경의를 표했다. 리사의 계획은 성공했다. 리사는 기회를 잡아 주도권을 장악하고 사장의 처지에서 생각하여 자신이 속한 조직의 핵심에 근본적인 변화를 이끌어 내는 법을 알았다. 만약 계획이 성공하지 못했다면 자신의 탈출 전략에 큰 치명상을 입고 회사 현관으로 향했어야 했을 것이다. 리사의 사례에서 보듯 다른 어디에서 찾아보기 어려운 리더의 팀은 자신을 빛나게 만드는 또 다른 큰 기회를 제공함을 우리는 알게 되었다.

지난 25년간 샌디에이고San Diego의 쿼터메인 라이선싱Quartermaine Licensing에서 일했던 라이선싱 부문의 부사장 리처드 록하트Richard

Lockhardt는 업계 전체에 걸쳐 대단한 명성을 쌓았다. 업계에서는 리처드를 웨스트코스트의 수많은 신진 팀장들을 교육하고 마침내는 소니Sony와 워너브러더스Warner Bros.의 라이선싱 부문에서 막강한 지의를 얻은 일종의 권위자로 간주했다. 수입도 매우 좋았고, 생활도 훌륭했다. 그리고 회사 중역을 인선하는 헤드헌팅사로부터 시애틀의 ㅈ리가 어떻겠느냐는 제의가 들어올 정도로 모든 것이 좋았다. 제안받은 자리는 업계에 진출한 지 얼마 되지 않는 두 라이선싱 회사의 합병에 의해 탄생한 새로운 법인을 이끄는 자리였다. 이 합병을 주도한 펀드회사가 경험 많은 노련한 경영자에게 CEO 자리를 맡기려고 했다. 그들은 리처드가 거부하기 어려울 정도로 좋은 제안을 했다. 리처드는 제안을 받아들여 2년 무해고 보증 계약을 받아내고서 시애틀로 이주했다.

리처드는 자신의 팀을 소집했는데, 대다수는 합병한 회사의 직원들이었고 나머지는 외부에서 뽑힌 사람들이었다. 리처드는 샌디에이고에서 자신이 신임하는 부하 중 한 명인 게리 토블러를 데리고 갔다. 팀원 전원이 자기 자리를 잡았으며 양쪽 회사 출신 직원들도 슬슬 함께 팀워크를 맞추기 시작했다. 하지만 문제가 있었다. 샌디에이고 시절에는 꽤 오랜 기간 사업이 잘 진행되었고 자신이 맡았던 팀도 경험이 풍부했기 때문에 한동안은 죽어라 일하지 않아도 되었다. 새로운 자리를 닳아도 그럴 수 있으리라는 생각에 그는 게리와 함께 새롭게 보고되는 내용을 검토하기로 하고, 아침마다 열리는 전략 회의에 모습을 드러내지 않았다. 하지만 그런 무간섭주의 경영방식이 샌디에이고에서는 통했을지 모르지만, 새 직장에서는 대실패였다.

서로 다른 회사의 문화를 융화시킬 만한 강력한 리더가 존재하지 않자 양쪽의 파벌이 각자의 옛 영역과 결속을 다졌다. 리더가 없다 보니 미래의 전망, 지침, 통제, 쌍방의 이익을 위한 관점도 존재하지 않았다. 리처드가 아무런 상관을 하지 않는다는 사실을 팀원들은 금세 눈치 챘고, 회사는 순식간에 역효과를 보게 되었다.

이때 게리가 리더십의 부재를 기회로 삼아 주도권을 쥐었다. 리처드가 업무 점검 이외에 아무것도 하지 않으며 사업에 해를 끼쳤기 때문에 충성심은 문제가 될 수 없었다. 게리는 회사와 계약된 급여를 모두 지급하여 리처드와의 계약을 끝내버리고, 조직을 이끌 수 있는 적임자가 바로 자신이라는 사실을 경영진에 권고했다. 공석이나 다름없던 자리는 다시 채워졌다. 게리가 승리하고 록하트는 퇴출당하였다.

여기서 우리는 리사와 게리 모두 리더십이 부재를 분명히 인식하고 위험을 감수하는 도전 정신을 발휘한 사실을 알 수 있다. 만약 자신이 역기능적 팀원의 자리에 있는데, 말고삐를 쥐기엔 다른 사람의 눈에 꼴불견처럼 보일까 두렵거나 경험이 미천하다면 두 가지 선택밖에 없다. 능력 없는 상사가 떠나고 팀 내에서 새로운 리더가 부상하기를 기다리거나 사내의 다른 자리를 찾아보는 것이다.

자신이 속한 곳이 드림팀, 반향실, 역효과를 내는 팀 중 어디인지 상관없이 생존 방식과 행동 계획을 결정하는 데에 우리가 제안한 내용은 탈출 전략을 새롭게 다질 수 있는 시간을 제공한다. 만약 자신의 전략 중 일부가 새로운 자리를 찾는다거나 새로운 팀으로 옮기는 것이라면 은밀하게 행해도 좋다.

다른 사례로, 우리가 현재 논하는 제안들을 받아들여 지뢰밭을 헤쳐 나갈 수 있기 전까지는 사면초가에 처해 이러지도 저러지도 못했던 중역이 있었다. 제시카 알렉산더Jessica Alexander는 한 컴퓨터 회사의 시카고 사무소에서 마케팅팀을 이끌고 있었다. 자신의 직속상관은 부사장인 위니 순 리Winnie Sun Lee였다. 제시카는 참신한 아이디어로 이름을 얻었으며 종종 혁신적이자 틀에 박힌 생각에서 벗어난 생각들을 도입했다. 제시카의 아이디어를 채택해서 업무를 진행하면 언제나 사내에 있는 몇몇 낡은 거미집들이 떨어져 나갔다.

하지만 위니 순 리는 제시카의 튀는 성격과 팀원들과의 친화성을 문제 삼기 시작했다. 제시카는 그런 분위기를 제대로 읽고 그것을 자신 앞에 펼쳐진 위기 신호로 보았고, 곧 위기가 닥칠 것이라 생각했다. 제시카는 자신의 참신한 생각이 받아들여지고 인정받을 수 있는 곳을 찾고자 조용히 다른 팀 리더들과 접촉을 시도하기 시작했다. 얼마 지나지 않아 제시카는 다른 곳의 지위를 받아들이고 자신의 참신한 공헌이 제대로 평가받는 그런 팀으로 가게 됐다고 위니에게 알렸다. 제시카는 과감하지만 자신에게 필요한 조치를 전략적으로 취하고, 현명하게 처신한 결과 여전히 자신의 경력을 이어갔다. 다만 이런 사례가 어디에서도 반드시 통하는 것은 아니다. 많은 회사가 한 곳에서 다른 곳으로 자유롭게 움직이는 인사이동을 허용할 정도로 열려 있는 곳은 아니기 때문이다. 물론 한 곳에 자리 잡은 후 그곳을 끝까지 사수할 필요는 없다! 대부분의 회사에는 개인적 성취를 보상해 줄 수 있는 가능성이 조금씩은 있기 때문이다.

한편 자신의 공헌이 인정받는 팀을 관리할 수 있는 꼭 필요한 행동을 취해야 할 필요가 있다. 어떤 곳은 분명하게 눈에 들어오지만, 또 어떤 곳은 간신히 포착되기도 한다. 그런 곳을 찾아라!

떠날 때가 되었음을 알리는 신호를 포착하는 능력도 중요하다. 게다가 운이 다하기 전에 포착하는 것이 무엇보다 중요하다. 성공 가도를 달리고 있을 때에는 몸값이 높긴 하지만 선택지도 다양하고, 움직이기도 쉽다. 하지만 일단 자신의 운이 쇠락하기 시작했다면 어떤 이유이든지 하자 있는 상품으로 취급될 위험성이 있다. 자신의 탈출 전략을 언제나 발동하고 있어야 하는 또 다른 이유가 여기에 있으며, 그래야만 자신이 아직 훌륭한 자원으로 인정받을 때 방아쇠를 당길 수 있다.

팀의 사기를 진작시키는 전략

궁극적으로 자신이 어떤 팀에 속하든지, 개인으로서 자신의 존재감을 드러내는 행동과 팀원으로서 팀에 봉사하는 행위 사이에 바람직한 균형을 잡는 것이 필요하다.

언제나 무대의 중앙을 차지하며 훌륭한 팀 플레이어로서 행동하는 데에 도움이 되는 전략이 있다. 아래처럼 행동한다면 팀에서 무방비상태에 처할 이유는 없다.

1. 상급 관리자와 직통 라인을 만들어라 이 대상은 자신의 선배나 이전의 상관일 수도 있다. 자신이 무엇을 하고 있는지 그리고 어떤 기여를 하고 있는지 쪽지나 전화로 이 사람들에게 알려라. 이 상급 관리자는 사내에서 자신의 옹호세력으로 역할을 하게 된다. 그들의 도움을 받아야 할 때는 언젠가 온다. 만약 자신이 속한 팀이 잘못되거나 큰 실패를 할 때, 이런 사람들이 튼튼한 동아줄을 내려준다.

2. 자신의 성과를 조심스럽게 그리고 전략적으로 위치시켜라 선배나 지지자에게 자신의 성취가 회사와 회사의 경영에 이바지한다는 점을 매번 각인시켜라. 다른 팀 동료에 대한 긍정적인 평가를 하는 것도 잊어서는 안 된다.

3. 자신이 리더십을 차지할 수 있는 때를 노려라 팀의 역동성을 유지하는 데에 이것만큼 중요한 요소는 없다. 괜찮은 생각이 있거나 혹은 팀이 잘못된 방향으로 가고 있다는 생각이 들 때 자리를 박차고 일어서 큰 소리로 말하라.

마지막으로, 목표를 성취하고자 달리는 유능한 사람들에게 둘러싸인 채 팀의 일원으로 일해야 할 경우가 있다. 그래도 진창에 빠져 프로젝트의 해결책을 찾지 못하는 것보다 성공적인 팀의 일원으로 일하는 것이 낫다. 자신에게 어떤 역할을 줬든지, 그 역할을 무색하게 해서는 안 된다. 언젠가 자신에게 스포트라이트가 되돌아올 때가 있음을 명심해야 한다.

체크 포인트

1. 자신이 맡은 일을 통해 신뢰를 얻어라. 하지만 공치사에 능한 인물로 평가되어서는 안 된다.

2. 자신이 속한 팀을 분석하고 동맹자에게 시선을 떼지 마라.

3. 팀원들의 능력을 발굴하라.

4. 언제나 다른 사람을 신뢰하고 지도력을 발휘하는 사람이 되라.

5. 사장의 처지에서 생각하고 기업가적 관점으로 업무를 수행하라.

6. 자신이 드림팀에 속해 있는지, 그룹 사고에 묻혀 있는지, 역효과를 내는 팀의 한 가운데에 처해 있는 것이 아닌지 따져봐라.

7. 회사 내에서 자신의 성공을 후원해줄 지지자를 찾아라.

8. 팀 내에 리더십 부재가 존재한다면 이를 메우고자 하는 용기를 가져라.

6 새로운 상사 밑에서 살아남는 기술

새벽 5시 30분이었다. 체이스 웬더스Chase Wenders는 센추리 시티Century City에 있는 자신의 사무실로 가는 도중 꽉 막힌 간선도로에서 옴짝달싹하지 못했다. 휴대전화기의 벨 소리에 깜짝 놀란 그는 화면에 뜬 발신자의 이름을 살폈다. 회장인 밥 위더스Bob Withers였다. "조가 방금 그만두었어." 위더스가 그렇게 말했다. "빅토리 레코드로 간다는군. 오전 9시 내 사무실에서 임원 회의가 있네.'

체이스는 카프리스 레코드사에서 일한 지 5년이 되었고, 순식간에 승진을 하여 부사장에 올랐다. 그의 직속 상사는(적어도 그날까지) 카프리스에서 지난 10년간 근무한 조 다덴Joe Dardenne이었다. 처음엔 놀라서 할 말을 잃었다. 운전대를 잡는 동안 그가 생각한 것이라고는 조 다음으로 누가 들어오는가의 문제였다. 회장이 새사람을 앉히는 데에 얼마나 걸릴까? 자신이 그 자리를 차지하게 될까? 동료 중 한 사람이 차지하게 될 가능성이 있는가? 조가 회사를 나감으로써 자신이 진행 중인 거래들이 위기를 맞게 될 것인가? 차를 주차하면서 체이스는 조가 다른 회사를 알아보는 중이라는 신호가 수없이 많았음을 비로소 깨달았다. 자신과 부서 내의 다른 모든 사람들이 무시했던 신호들. 그렇다, 진지하게 생각했다면 이런 상황이 오리라는 사실을 알아차릴 수 있었을 텐데.

실제로 아랫사람이 상사를 잃는 경우가 부지기수이며, 이에 대처하는 방식도 다양하다. 어떤 이는 회사를 자진 퇴사하기도 하며, 어떤 이는 승진하기도 한다. 어떤 이는 해고되기도 하며, 체이스 웬더스의 상관과 같은 사람은 근무시간 중에 경쟁사 사람과 은밀히 만나고서는 좀더 푸른 목초지를 향해 떠나기도 한다. 때에 따라서는 자신의 상관이 다른 곳으로 간다는 소식을 《월스트리트 저널》 같은 잡지에서 처음 접하게 되기도 한다. 어떤 때는 그런 소식이 소문으로 들려오기도 한다. 어떤 때에는 상관이 몇 개월 후에 떠난다고 스스로 미리 발표하기도 한다.

회사나 부서에는 흔히 최고 상사의 성격이 반영되어 있기 때문에 그런 사람이 사라지면 전체 조직에 심각한 영향이 온다. 어쨌거나 옛 상사는 자신만의 스타일, 기대하는 목표 그리고 자신이 신뢰하는 사내외적인 인간관계(통상적인 루틴routine)를 가지고 있다. 상사가 행동하는 방식에 동의를 하지 않았다 하더라도 그 밑에 있는 사람들은 적어도 자신의 자리가 어디이며 무엇을 해야 하는지도 알고 있다. '아는 악마는 모르는 악마보다 낫다' 라는 옛 속담은 지금도 불변의 진리임에는 틀림없다. 하지만 알고 지내던 악마가 자신의 가방을 꾸리기 시작하면, 분위기는 바뀐다. 그것도 아주 크게.

이 상황의 핵심은 상부의 권력구조 변화가 회사의 모든 이에게 영향을 끼친다는 사실이다. 도미노를 생각해보자. 하나의 패가 쓰러지면 나머지도 뒤따라 쓰러진다. 바로 이런 상황이 GE의 잭 웰치가 사임했을 때 벌어졌다. 제프리 임멜트Jeffrey Immelt, 밥 나델리Bob Nardelli 그리고 짐 맥너니Jim McNerney가 그 자리를 놓고 경쟁을 펼쳤다. 임멜트가 이겼을 때, 다른 두 사람은 자리를 내놓고 각각 홈디포Home Depot와 3M으로 떠났다. 직위가 낮아진 또 다른 이사 래리 존스턴Larry Johnston 도 새로 난 세 자리 중 아무것도 차지하지 못하자 GE를 떠났다. 존스턴은 앨버트슨Albertsons으로 옮겼다. 이러한 현상을 회사 지형이나 기상상태의 지각변동이라고 부르자. 즉, 날씨가 최극점에서 변화하면 산맥 아래에 있는 나머지 지각의 표층들도 움직이기 시작한다.

하지만 이런 일이 일어난다 해도, 준비하기에 따라 상부에서의 변화는 더할 나위 없는 기회를 제공한다. 이번 장에서는 권력의 변화가 어떻게 자기 자신이나 경력에 영향을 끼치는지 그리고 어떻게 그런 변화를 자신에게 유리하게 이용할 수 있는지, 마지막으로 어떻게 하면 무방비상태에서 벗어날 수 있는지에 초점을 맞춰 살펴보기로 하자.

보이지 않는 변화의 조짐들

인류학자들은 족장들 사이에서의 권력 이동이 벌어지기 직전에 부족의 제식과 행동에서 변화가 일어난다고 오래전부터 주장해왔다. 이러한 현상은 회사라는 정글에서도 마찬가지로 일어난다. 언젠가 본 적 있는 내셔널 지오그래픽 다큐멘터리 중에서 다음과 같은 고전적인 장면 하나를 머릿속에 그려보자. 살기 어려운 초원에서 오늘 하루도 녹초가 된 몸을 누이며, 동물들이 평화롭게 물웅덩이 주변에 모여든 장면이다. 갑자기 형체를 알 수 없는 뭔가가 동물들 사이를 빠르게 달려 지나간다. 무언가가 있다. 무엇인지는 정확히 알 수는 없지만, 있다는 것만큼은 확실하다. 동물들은 긴장하여 코를 내밀어 허공을 킁킁댄다. 그리곤 잠시 후 느닷없이 사방으로 도망친다.

한 회사 안에 근무하는 직원들도 대부분 같은 방식으로 반응한다. 변화의 분위기가 감지될 때, 행동이나 동맹형태는 매우 예측하기가 어렵다. 모든 사람들이 불안감에 휩싸여 무슨 일이 일어나고 있는지 알아보려 사방을 킁킁댄다. 또 소문이나 추측으로 시작하여 금세 근심이나 걱정거리로 변화하며, 때로는 역기능을 일으킨다. 이런 상황은 매우 긴장되고 위험한 시기이다. 동물들처럼, 그 모습을 확인하지 못한 무엇인가에 의해 약한 녀석이 잡아먹히는 시기이기 때문이다.

상사가 힘을 잃는 데에는 수많은 이유가 있을 수 있다. 쿠데타에 의해 쫓겨날 수도 있으며, 합병이나 인수 때문에 밀려날 수도 있다. 심지어 자주 인사하러 오지 않는다는 사실 하나로 고위층의 미움을 살 수도 있다. 상사가 자리를 내주어야 하는 상황을 바라보는 자신의 마음은 쓰라릴지도 모르지만, 이제부터 문제는 자기 자신이다. 상사의 주가가 폭락하면서 자신과 상사를 이어주었던 끈이 이제는 자신을 끌어내리기 시작한다.

대개 상사들이 갑자기 바닥으로 내팽개쳐지는 경우는 없다. 거의 언제나 위험 신호가 존재하기 마련이다. 자신의 상사가 권력을 잃고 있을 경우, 상사의 실적, 인간관계 그리고 행동들에서의 변화를 통해 이를 감지할 수 있다(상사가 실적, 인간관계 그리고 행동에서 변화를 보인다면 그가 권력의 향배를 파악하고 있다는 뜻이다). 권력 상실의 징후들은 뜬소문이나 그의 직속상관 또는 자신의 동료가 그를 대하는 태도에서 나타나는 미묘한 변화를 통해 확증된다.

사실 대부분의 사람은 실제로 일이 벌어지기 전까지 그런 징후를 인식하지 못한다. 하지만 상황에 계속 주의를 기울였다면, 그것들을 파악하거나 해석할 좋은 기회를 잡아 자신의 경력을 보호하는 데 필요한 절차를 미리 밟을 수 있었을 것이다.

아래에 제시된 징후들 중 하나만 해당하는 경우라면 상황에 따라 상사의 역할이 단지 변화한다는 의미일 수 있지만, 둘이나 셋 혹은 그 이상의 경우라면 위험한 상황이라고 해석해야 한다.

다음과 같은 상황일 때, 자신의 상사가 힘을 잃고 있다는 뜻이다.

◎ 상사가 정말로 한가하거나 예전보다 한가하다.
◎ 상사의 자택 근무가 갑자기 늘어나기 시작한다.
◎ 상사의 비서가 예전과는 다른 식으로 일을 하기 시작한다.
◎ 계류 중인 계약 건에 관한 자료를 가져오라는 지시를 받는다.
◎ 클라이언트들이 계약을 보류하고 있다.
◎ 인사팀과 법무팀에 연락을 취하지만 대답이 바로 되돌아오지 않는다.
◎ 출장 계획이 늘어난다.
◎ 팀원들에 대해 비현실적인 목표나 목적을 설정한다.
◎ 그의 방으로 찾아오는 이가 거의 없다.
◎ 핵심 사안을 둘러싼 내부 정보에 대해 더는 아는 바가 없는 듯 보인다.

하워드 출판사의 어린이 소설팀 팀장인 브루스 로마노Bruce Romano 는 상사가 힘을 잃고 있다는 징후를 잘못 읽은 관리자였다. 자신의 상사이자 부서의 책임자인 티나 잭슨Tina Jackson은 경영진에게 보고될 새로운 3개년 계획에 대해 브루스의 생각을 물었다. 과거 티나는 언제나 부하직원들의 조언에 귀를 기울여 현실적이고 달성 가능한 계획을 짰다. 그러나 이번에는 자신의 생각을 묻는 시늉만 했지, 자신이 제공한 정보는 최종 보고서에 포함되지 않았다. 브루스의 눈에는 티나가 이번 계획에 뭔가 큰 실수를 하고 있다고 보였으며, 장기 재정 계획 또한 달성 불가능한 것으로 보였다.

브루스는 성취할 수 없는 목표를 왜 티나가 제안하는지 이해할 수 없었다. 브루스는 이에 대한 설명을 요구했지만 티나는 과도한 걱정이라며 일축했고, 이에 덧붙여 개인적으로는 어떻게 생각하든 상관없이 브루스가 자신의 전략을 지지할 줄 알았다고 아쉬움을 토로했다.

여기서 브루스가 간과한 점이 있다. 티나가 자신의 조언을 거부했을 때, 무엇인가가 잘못되어 가고 있다는 점을 깨달았어야 했다. 실현 불가능한 목표를 설정한다 함은 때로 고위 경영진의 후원 축소를 어떻게라도 만회해 보고자 하는 시도이며, 이는 종종 한 관리자가 힘을 잃고 있다는 표시이기도 하다. 티나가 자신의 지위가 절대 견고하지 못하기 때문에 고위 경영진의 환심을 사고자 이런 행동을 하는 것인지, 혹은 단순히 수치가 들어맞는 계획을 짜지 못한 것뿐인지는 문제가 되지 않는다. 분명한 점은 티나에게 수익과 관련된 업무가 부여되지 않았다는 것이다. 브루스는 이점을 파악하지 못했다. 브루스가 처한 위험은 완벽하게 목표를 달성하지 못한 책임을 자신이 지게 될 수 있다는 점이다.

자신의 상사가 힘을 잃고 있을 때, 치고 올라가는 전략(제7장에서 논의 하겠다)이야 말로 진정한 도전이다. 브루스와 같이 이러한 상황에 쿠닥 쳤을 때 가능한 두 가지 선택이 있다.

1. 복지부동하며 때를 기다린다. 문제는 반드시 발생하게 되어 있다.
2. 대박을 노리며 상사의 직위를 차지하기 위한 작업을 시작한다.

복 지 부 동

안개가 걷힌 후, 앞으로 치고 나올 인물이 대체 누구인지 전혀 감을 잡 지 못하는 상황에서 복지부동은 최선의 선택이다. 최소한 이러한 선택은 시간을 벌어준다. 따라서 좋은 벙커를 찾아내 사격이 멈추기를 기다리는 것이 좋다. 하지만 주의해야 할 점이 두 가지 있다.

- 복지부동은 일시적인 해결책이다 지도자가 바뀌는 데에 분명히 정 해진 일정표가 있는 것은 아니다. 힘이 약해진 리더라도 꽤 오랫동 안 자리를 유지할 수가 있다. 따라서 너무 오랫동안 사람들의 시야 에서 벗어나 있어서는 안 된다.
- 자신이 어느 편을 선택했다는 인상을 주는 행동은 절대로 해서는 안 된다 폭풍이 가시기를 기다리기로 했다면 잠자코 기다려라. 도박사처럼 '새 상사를 선택'한답시고 뛰쳐나가는 것만큼 큰 실수 는 없다. 결정을 내리기 위한 정통한 소식통과의 끈이 자신에게는 없다. 자신에게는 어떤 쪽으로 카드가 쏠릴지 판단할 수 있는 충분 한 정치적 식견조차 없다. 이러한 전략은 이제 막 경력을 시작한

사람이나 새로운 팀 혹은 부서에 속한 사람에게 최상이다. 또한, 이와 같은 자기 위치 설정 작업은 조직을 떠나기로 마음먹었거나 새로운 사업을 하려 하거나 경력을 바꾸려는 사람들에게 있어서 효과적이다.

대박 노리기

이 선택은 좀더 공격적이기 때문에 마음이 약한 사람들에게는 적합하지 않다. 자신의 상사가 떠나는 순간은 자신이 관리자로서 강력한 리더십 기술과 전망을 갖고 있다는 점을 권력자들에게 부각시킬 엄청난 기회이다. 따라서 자신이 상사의 자리를 메울 수 있다는 확실한 자신감이 있을 때에는 주저하지 말고 앞으로 나서라!

하지만 여기에는 몇 가지 위험이 뒤따른다는 점을 각오해야 한다. 예를 들어, 충성심이 약한 사람으로 보일 가능성이 있다. 또한, 상부 경영진이 이미 상사의 자리를 대체할 인물을 결정해 놓고 그 내용을 발표하려 한다는 사실을 모를 수도 있다. 최악에는(종종 일어나는 일이지만) 상사가 잃었던 힘을 다시 회복하는 상황도 있다. 만약 이런 상황이 발생한다면 상사는 분명히 두 다리를 자기 책상 위에 얹고 앉아 있는 당신을 못마땅하게 여길 것이다.

위험천만한데도 이런 선택을 하는 이유는 자신의 가치를 증명하거나 승진을 노리거나 조직에 중요한 기여를 할 수 있다는 기회라고 생각하기 때문일 것이다. 따라서 자신이 소란의 주인공이 될 준비가 되어 있다고 생각한다면 회사가 가장 중요하게 생각하는 사안에 대해 객관적이고 분석적인 훌륭한 제안서를 준비하라. 지난 수년 동안 우리는 많은 성공을 거둔 경영자와 함께 일해왔다. 그들은 자기 경력의 어떤 중요한 지점에서 이러한 위험을 감수하여 대박을 터뜨린 사람들이다. 만약 그들이나 야망이나 도박사의 심장을 가지지 못했다면 그런 성공을 거두지 못했을 것이다.

새로운 상사를 맞아들이는 기술

이전 상사의 자리를 차지하는 데에 자신은 별로 관심이 없다는 사실이 오히려 기회일 수도 있다. 비록 한 번 노려보겠다고 생각은 하고 있을지 몰라도, 그 자리가 다른 사람에게 가게 된다는 가능성도 고려해 봐야 한다.

일단 이름이 발표되면 새로운 권력 아래서 승승장구하도록 그리고 지뢰밭을 안전하게 통과하도록 위치설정 작업을 시작할 필요가 있다. 새로올 사람이 내부인인지 외부에서 초빙된 사람인지는 관계없다. 중요한 사실은 이러한 권력 이동을 자신을 위해 활용할 수 있는가의 문제이다. 다음의 네 가지 핵심 전략을 이용한다면 충분히 성공할 수 있다.

1. 정찰을 하라.
2. 오디션을 통과하라.
3. 토박이 안내인이 되어라.
4. 세이크리드 카우sacred cows(유력자의 측근으로 감히 비판해서는 안 되는 존재. 원래는 방송이나 출판에 있어서 신성시되어 비판이나 공격의 대상이 되어서는 안 되는 사상, 직업, 작품을 뜻한다-옮긴이)를 경계하라.

정찰을 하라

구석 사무실의 빈자리에 누가 들어올 것인지 알아냈다면, 그 사람에 대해 가능한 모든 것을 알아내는 것이 중요하다. 이제 목표는 새로운 상사에 대해 완벽한 그림을 그리는 것이다. 전화를 돌려라. 인터넷 검색엔진을 이용하라. 새로 부임하는 상사에 대해 뭔가 아는 사람이 있다는 생각이 들면 수화기를 들어라. 여섯 단계만 건너면 모든 사람과 연결된다는 이야기 따위는 잊어라. 우리는 지금 두 단계 만에 정보를 얻어야 한다! 자신이 상상하던 것보다 무척이나 소중한 정보통을 발견하게 될 것이다. 정찰을 수행했다면 두 가지 점에 집중할 필요가 있다.

- 신임 상사의 이력은 어떻게 되는가?
- 그의 경영 스타일은 어떤가?

이 두 가지 질문에 얼마나 만족스럽게 대답하는가에 따라 무방비상태에서 벗어날 수 있다.

신임 상사의 이력

새로 부임하는 상사의 과거 경력에 대한 그림을 그리는 것으로 시작한다. 어디에서 일했는가? 그리고 이 자리로 오기 전까지 어떤 직위를 가졌었는가? 각각의 자리에서 얼마나 오랫동안 일을 했는가? 이러한 정보를 통해 상사가 앞으로 보여줄 모습에 대해 감을 잡을 수 있다. 성공적인 팀을 꾸려 자신이 달성한 성과에 대한 보상을 충분히 누릴 정도로 오래 머물 것인가? 혹은 갑자기 무대에 등장해 일련의 파장을 일으킨 후,

다른 매력적이고 확실한 기회를 잡아 재빨리 사라질 것인가?

자신의 배경을 점검하면서, 상사의 고용과 해고 패턴을 자세히 조사하는 것을 잊어서는 안 된다. 이를 통해 새로운 상사가 기존의 팀을 그대로 유지할 것인지 해체할 것인지에 대해서 더 나은 그림을 그릴 수 있다. 마지막으로, 단독으로 출장을 떠나는지 아니면 팀원들과 함께 떠나는지도 알아봐야 한다. 이는 자신의 오디션 전략을 짜는 데에 분명히 도움이 되며 세이크리드 카우에 대해서도 당당해질 수 있다.

내부 승진과 외부 영입 그리고 뒤집기

대개 신임 상사는 회사 안의 인물이다. 이 경우, 그는 업무 내용과 조직의 문화에 대해 이미 잘 알고 있다. 새로운 상사는 자신이 알고 지내는 사람일 수도 있고(지난번 부서회의에서 바로 옆자리에 앉았던 인물), 다른 부서에서 온 사람일 수도 있다. 수평 이동의 경우일 수도 있고, 진급일 수도 있다. 회사의 모든 사람에게 다 통용되는 이야기이지만, 사내에서 승진한 중역들은 변화의 흐름 속에서도 그대로 남아 있는 기존의 관계망과 정보망을 유지하려는 경향이 있다.

그렇다고는 하더라도 새로운 리더는 회사의 오랜 정치적 연고를 통해 그 자리를 얻은 셈이다. 만약 자신이 그러한 연고 중 한 사람이라고 한다면, 별 탈 없이 지낼 수 있다. 그러나 신임 상사가 자신의 얼굴조차 모르거나 과거 자신과 어떤 경험도 하지 못한 인물이라면, 자신의 가치를 증명하고 자신의 존재를 인지시키고 앞으로 잘해보겠다고 약속을 해야 하는 불안한 위치에 처하게 된다.

한편 이제는 외부에서 인재를 들여오는 풍토가 점점 더 뚜렷해지고 있다. 왜일까? 고위 경영진은 어떤 연고도 없는 외부인이 신기를 발휘하리라는 생각을 가진 경우가 보통이다. 한 회사에 몸담았던 슈퍼스타들이 다른 곳에서는 그런 성공을 반복하지 못한다는 사례가 늘어나고 있음에도, 이러한 믿음은 조직 내에 강력하게 구축되어 있다. 부즈 앨런 해밀턴이Booz Allen Hamilton 2003년도에 수행한 한 연구는 외부에서 CEO를 초빙한 85퍼센트의 회사들이 주주들에게 평균 이하의 수익을 되돌려주었지만, 사내에서 최고 경영자 인사를 단행한 회사의 55퍼센트가 평균 이상의 수익을 가져왔다는 보고를 했다.[*]

다른 우울한 소식도 있다. 예를 들어 1988년과 1996년 사이 회사의 외부에서 스타 분석가를 초빙한 스물네 개의 투자은행 중, 단 세 곳만이 성공적인 결과를 냈다.[**]

---

[*] Booz Allen Hamilton Consulting, "Corporate Turnover Study" (New York 2003.)
[**] Boris Groysberg, Ashish Nanda, and Nitin Nohria, "The Risky Business of Hiring Stars," *Havard Business Review*(May 2004), pp.92-100.

다소 이런 우울한 증거에도, 외부에서 초빙된 누군가와 일하게 될 때 좋은 기회가 찾아온다. 그런 사람과 일하는 것이 반드시 나쁜 소식만을 의미하지도 않는다. 사실상 아무것도 모르는 외부인이 자리를 차지한다는 상황은 자신을 빛나게 하고 강한 인상을 남길 수 있는 더할 나위 없는 기회이기도 하다. 그러나 상황을 뒤집어 새로운 상사가 자신이 이끌던 팀을 데리고 들어온다면 이는 탈출 전략을 발동해야 할 때이기도 하다.

한편 새로운 리더가 외부에서 초빙되었다고는 하지만 동종업계에서 왔다면, 이는 행운으로 받아들일 수 있다. 업계 사정에 밝은 풍부한 경험의 소유자일 가능성이 크고, 무엇보다도 자신과 말이 통하기 때문이다. 이 상황에서 게임 전략이 준비된 상태라면, 상사에게 자신의 능력과 전문 지식을 쉽게 드러낼 수 있다.

하지만(언제나 '하지만'은 존재한다) 일반적인 비즈니스, 특히 새로 부임한 회사에 대해 알아야 할 모든 것을 이미 알고 있다고 생각하는 상사를 맞이하는 경우가 있다. 또한, 새로 부임한 상사가 있던 곳이 지금의 회사보다 더 큰 곳이었다면, 기존의 조직을 뒤흔들어 순이익을 올리라는 명령을 받고 초빙되었을 가능성이 크다. 전체적으로 볼 때, 다른 상사보다 동종업계에서 부임한 상사는 자신의 역할뿐만 아니라 회사의 업무와 문제 그리고 당신 자신과 팀원들에 대해 이미 충분히 숙지한 상태에서 부임할 확률이 높다.

여기서 중요한 사항은 이러한 신임 상사 또한 자신만큼이나 정찰대를 운용한다는 사실을 잊어서는 안 된다. 이미 그는 당신에 대한 조사를 마쳤을 수도 있다. 긍정적으로 생각할 점은 사내에서 승진한 사람과는 달리, 그는 자신과 어떤 개인적 연고도 없다는 점이다.

만약 신임 상사가 다른 업계 출신일 때, 그가 가장 먼저 할 일은 이쪽 업계의 업무를 파악하는 것이다. 회사의 고위 경영진은 이미 증명된 리더십 능력과 과거 보여주었던 성공의 결과 등을 통해 신임 상사에게 매료되었을 것이고, 강력한 힘을 발휘하는 관리자는 어디서나 그렇다고 믿으며, 특정 업계에 대한 지식이 반드시 조직을 이끄는데 필수적이라고 생각하지 않는다.

마지막으로 내부 출신이든 외부 출신이든 새로 부임한 상사는 집 안 청소를 하고자 초빙되었을 가능성이 있다. 혹독한 인력 감축과 도매급 인사이동의 위험이 있기 때문에, 물밑으로 진행되는 강한 움직임에 빨려 들어가지 않도록 매우 조심해야 한다.

신임 상사의 경영 스타일

두 번째로 중요한 정찰은 신임 상사의 경영 스타일에 주목하는 것이다. 유감이지만 이러한 작업을 인터넷을 통해 하기는 어렵다. 하지만 자신이 처음부터 효과적으로 새로운 인물에 반응하고 교류를 하려면 그의 경영 스타일을 파악하는 것이 필수적이다. 그와 일해 본 경험이 있는 사람과 이야기를 나누고 그의 버릇이나 선호에 대해 물어라. "일을 할 때 그가 선호하는 것은 무엇인가?" 라는 질문에 대답할 수 있는 사람이 있다면 어느 누구에게라도 물어보라. 아래는 구체적인 질문의 내용이다.

- 확실한 결단력의 소유자인가, 이도 저도 아닌 성격의 소유자인가?
- 권한 위임형인가, 세세한 부분까지 관리하는 스타일인가?
- 원리에 입각한 공정한 스타일인가, 아니면 자의적인 스타일인가?
- 팀 플레이어인가, 혹은 전제적 스타일인가?
- 확신형인가, 혹은 불안형인가?
- 대외관계에 신경 쓰는 스타일인가, 혹은 타인에 대해 신랄한 스타일인가?
- 논쟁형인가, 대결 회피형인가?
- 느긋한 스타일인가, 조바심을 내는 스타일인가?

오디션을 통과하라

정찰을 수행해 새로운 상사에 대한 그림을 괜찮게 그렸다면, 첫 대면을 준비해야 한다. 많은 사람이 새로운 상사가 부임한 후 60일간의 유예기간이 있다고 생각하지만, 이는 큰 오산이다. 첫 업무를 시작함과 동시에 상사는 목적을 달성하는데 도움이 될 만한 사람과 그렇지 않은 사람을 이미 판단하기 시작한다.

면접 시 형성되는 '첫인상'에 대한 수년간의 연구를 통해, 피면접인의 능력과 가능성을 면접관이 최초 90초 이내에 결정한다는 사실이 증명되었다.[11] 이후 면접관은 자신이 "좋아, 이 사람은 적합해" 아니면 "이 사람은 안 되겠어" 라고 처음 내렸던 판단을 보완하는 다른 자료를 살피기 시작한다.

신임 상사의 이러한 걸러내기 작업은 복도에서 마주치는 첫 순간부터 시작된다. 이후 몇 개월간 이런 오디션이 계속되며 누구를 남길지, 누구를 승진시킬지, 누구를 내보낼지 결정하게 된다. 상사의 이력과 경영 스타일을 파악한다면 주어진 목표를 달성하여 가장 중요한 첫인상을 재치 있게 형성시킬 가능성이 크다.

한편 신임 상사가 정찰을 끝마쳤고 아마도 자신에 대해 잠시 주춤거리게 할 어떤 이야기를 들었다고 한다면, 다가오는 오디션을 어떻게 대처해야 할까? 신임 상사가 자신에 대해 부정적인 인식을 변화시키거나 완화할 정도로 충분히 그의 이력이나 경영 스타일에 관한 정찰을 수행해야 한다는 것이 이 질문에 대한 답이다.

헨리 워시번Henry Washburn은 새로 부임하는 상관의 선호를 조사하여 이를 자신의 스타일 변화의 기준으로 삼은 사람으로서, 매사에 부단한 노력을 하는 젊은 경영자의 일례이다. 헨리는 모든 일에 공격적이고 쉽게 만족하지 못하는 결과지향적인 경영자로서 독특한 인사 경영 스타일은 사내에서도 유명했다. 헨리는 정찰을 통해 새로운 상사인 제프 라슨Jeff Larson이 자신과는 정반대 성향을 가진 인물이라는 사실을 알아냈다. 제프는 노련하고 학자적 태도를 갖고 있으며 관계지향적인 리더였지만, 한 번 입을 열면 이야기가 언제 끝날지 모르며, 결국 논의의 결론에

11 Robin Hogarth, *Judgement and Choice: The Psychology of Decision* (New York : John Wiley & Sons, 1980), p.162.

는 다다르지 못한다는 평판을 얻고 있었다. 심지어 직원들과 정치며 스포츠는 물론 음식 이야기를 즐긴다는 것이었다.

헨리는 서로 스타일이 일치되기는 어렵다는 결론을 내렸다. 제프(그 또한 당시 헨리에 대해 정찰 중이었다) 쪽에서도 같은 생각을 하리라는 사실도 잘 알고 있었다. 그러나 이미 얻은 정보로 무장한 헨리는 제프와의 첫 대면에서 그에게 심어주어야 할 이미지와 스스로 극복해야 할 자신에 대한 선입견이 무엇인지 알고 있었다. 위험은 컸다. 만약 제프에게 잠시라도 자신과 함께 일할 수 없다는 생각이 든다면, 헨리의 지위는 위태로워지기 때문이었다.

그래서 헨리는 자기 자신의 이미지에 미묘한 변화를 주는 재치 있는 경력 수정을 단행했다. 즉, 자신이 한 팀에서 일할 수 있는 편안한 사람이라는 인상을 제프에게 주기로 했다. 이 목적을 이루려고, 부서를 위해 꼭 수행해야 할 항목들이 적힌 목록을 옆으로 치워버리고, 대신 친근하고 편안한 대화에 주력했다. 첫 번째 만남에서 헨리는 제일 좋아하는 레스토랑, 야구팀 순위, 주말 별장과 같은 이야기를 주제로 유쾌한 담소를 나눴다. 헨리는 성공적으로 오디션을 끝마쳤고, 제프 또한 첫 만남을 마무리지으면서 헨리가 팀에 필요한 인물이라고 확신했다.

토 박 이   안 내 인 이   되 어 라

신임 상사가 다른 곳에서는 성공을 거둔 경영자일지는 모르지만, 전 회사의 분위기 속에서 그에게 이롭게 작용했던 요소들이 새로운 회사에서 제대로 통하지는 않을 수도 있다. 바로 이 지점에서 자신에게 기회가 찾아온다. 신임 상사는 팀원을 지도하고 계발하여 자신의 업무를 가속화시킬 사람을 찾으면서 배에 탄다. 회사의 상황에 대한 좋은 브리핑을 이미 받았을지라도, 사내의 권력 구조에 대해서는 감을 잡지 못한다. 그에게는 의사 결정이 어떻게 이루어지는지, 사람들은 어떻게 교류하는지 그리고 사내 권력은 어떻게 돌아가고 있는지를 파악하기 위한 안내서가 필요하다.

바로 이 지점에서 여러분이 그러한 식견을 제공할 수 있고, 토박이 안내인으로서 응대할 수 있으며, 즉시 위의 문제들에 관여할 수 있도록 옆에서 도움을 줄 수 있다. 만약 신임 상사가 회사의 성과, 경쟁 상대 파악, 전략 수립 등에 있어서 속도를 내야 할 업계 외부 사람이면 여러분의 협조는 더욱 절실하다. 이런 역할을 자임할 때, 더 늘어난 오디션 시간을 확보하며 이에 따라 자신의 노출 빈도 또한 증가한다. 이상적으로 말해, 이러한 경우는 상사와의 관계를 공고화시키며 팀 내에서의 굳건한 지위 보장에도 도움을 준다.

그러나 토박이 안내인으로서 역할 하는 데에는 긍정적인 부분도 있지만 위험성도 내포되어 있다. 우선, 새롭게 짜인 판에서 토박이 안내인이라는 자리 자체는 영구적이지 않다. 몇몇 신임 상사들은 처음에는 도움을 받았다고 할지라도, 그 점을 들어 토박이 안내인을 자신의 작전 본부에 배치하지는 않는다. 다른 성향의 상사들은 예전에 함께 싸웠던 병사들과 같이 일하기보다는 새로운 팀을 만들어 주도권을 잡고자 한다.

토박이 안내인으로서 생기는 두 번째 위험성은 경계의 흐릿함이다. 새로 온 상사에게 자신이 토박이 안내인에게 너무 의존하는 것이 아니냐는 느낌이 들기 시작할 때, 혹은 토박이 안내인 자신이 신임 상사와 동등한 관계를 맺고 있다는 생각을 하기 시작할 때, 상사와 하급자의 관계는 균형을 상실하게 되며 이에 따라 자신의 지위도 위험에 노출된다.

이런 상황에 부닥쳤을 때, 어떻게 하면 자기 자신을 보호하여 궤도에서 밀려나지 않을 수 있는가? 토박이 안내인의 역할을 부차적인 역할로 여겨야 한다는 데에 그 답이 있다. 신임 상사는 기본적으로 당신을 큰 도움을 주는 사람으로 바라보고 있음은 분명하다. 예컨대 사내의 스타라고 한다면 자신의 지위를 보장받을 기회는 무척 많다. 물론 그렇다고 해도 확실한 보증 수표란 없다. 바로 이 때문에 '왜 그걸 몰랐을까'의 순간에 직면할 때를 대비하여 탈출 전략을 준비해야 하는 것이다.

캐럴 코헨Carol Cohen은 토박이 안내인으로서의 역할을 부탁받은 중역이었다. 하지만 캐럴은 이에 신중하게 대처할 만큼 현명했다. 캐럴은 지난 10년간 메이저 TV 네트워크에서 근무했다. 캐럴은 방송 진행으로 경력을 쌓기 시작했으며 서서히 승진하여 프로그램 기획자의 지위를 얻었다. 그 자리에서 2년간 일한 후, 캐럴은 프로그램 기획 담당 부사장에 임명되었고, 팀은 계속해서 성과를 냈으며 동시에 혁신적이었다.

그해 가을, 회사가 다른 엔터테인먼트 회사에 의해 인수되자, 양쪽 조직의 경영팀들도 합병되었다. 캐럴은 업계에서 전설적인 인물로 통하는 고위 경영자가 새로운 상사로 부임한다는 소식을 들었다. 곧이어 프로그램 기획팀장으로부터 부서에 남아 새로 임명된 상사의 업무 파악을 도와달라는 제안을 받았다. 캐럴은 이 제안에 동의했지만 사 리더가 자신을 유임시키는 데에는 어떤 보장도 있을 수 없다는 사실을 알고 있을 만큼 현명했다.

3개월 동안 캐럴은 토박이 안내자로서 역할을 했고 사내의 권력 문제와 그리고 인재들이 포진된 상황을 파악하기 위한 중요한 방향을 제공했다. 동시에 캐럴은 동맹자들의 도움을 받아 계열사의 관련 부서에 새로운 자리가 생길 거라는 정보를 입수했다. 신임 상사가 경비 절감이나 직원 감축 내용을 담은 부서 개편 계획을 발표하고, 업무 통합을 단행할 작정이며 이에 따라 자신이 계획하는 조직 개편에 캐럴을 위한 자리는 없을 것이라고 설명했을 때, 이미 만반의 준비를 해둔 상태였다. 그리고 계열사의 공석을 맡겠다는 공식 제안을 했고, 신임 상사에게 이를 지원해달라는 부탁을 했다. 신임 상사는 캐럴의 결정을 지지하겠으며 지금까지 자신을 도와준 것에 고맙다고 말했다.

세 이 크 리 드　카 우 를　경 계 하 라
신임 상사는 새 회사에 종종 세이크리드 카우 즉, 강력한 경영 수완을 발휘하는 측근을 데리고 들어온다. 그들은 신임 상사가 무대에 등장할 때 함께 승선하거나, 팀 개편 작업이 끝난 이후 곧바로 불려오기도 한다. 세이크리드 카우는 한 리더가 이끄는 팀 내에서 가장 신임을 받는 사람들이며, 흔히 오랜 기간 커다란 성과를 낸 사람들이자 공동의 역사를 공유하고 있다. 그러나 그들이 신임 상사에게 가장 충성스러운 사람들이라는 점에서 다른 사람들과 변별력을 지니지만, 팀 내에서 가장 출중한 사람들이라고는 할 수 없다.

세이크리드 카우는 게임의 규칙에 통달해 있다. 이들은 언제나 상사의 후위를 맡으며, 상사를 앞에 두고 튀는 행동을 하지 않는다. 그들은 빠르게 돌아가는 의사결정과 신속한 방향전환 및 정치적 혼돈의 분위기 속에서 가장 신뢰할 만한 사람들이기 때문에, 새로 부임한 상사를 위해 막중한 구실을 한다. 이들을 통해 상사는 자신이 안전하게 보호받고 있다는 안정성, 기밀이 누설되지 않는다는 안도감 그리고 서로 익히 알고 있다는 편안함을 느낀다.

우리는 많은 세이크리드 카우들과 오랜 기간 일해 왔으므로 그들이 누구인지 쉽게 알아낼 수 있다. 아래는 가장 빈번하게 볼 수 있는 여섯 가지 유형이다.

- 문지기 가장 신임받은 충성스런 유형이다. 모든 일정을 관리하며 상사의 사무실 안팎의 모든 움직임을 감시한다. 문지기 대부분은 상사가 가는 곳이면 어디든 따라다니며 업무 약속은 물론 사적인 것까지 관리한다. '문전 출입 통제'라는 역할은 이들을 가장 강력한 세이크리드 카우로 만든다.
- 경호원 갈등을 싫어하는 리더에게 있어서 이들은 중요한 팀원이다. 이들은 부사령관 혹은 경호원으로 복무하며 상사가 처리하기 곤란한 관리 업무를 담당한다. 그들에게는 예산이나 비용 삭감 그리고 상사의 이름으로 자신이 원하는 것은 거의 모두 행할 수 있는 직권이 부여되어 있다. 만약 자신이 해고될 상황이라면, 아마 이 사람을 통해 그 사실이 통보될 가능성이 크다.
- 자금관리자 대개 이는 CFO이다. 그는 예산을 편성하고 상사에게 그 의미를 설명한다. 또한, 모든 경비 지출을 관리한다. CFO는 언제나 상사 가까이에 있다. 이윤과 관련된 성가신 문제는 전적으로 그에게 일임되어 있다.
- 피후견인 이 사람들은 상사의 청년 버전이라고 할 수 있다. 이 두 사람의 관계는 후견인과 이 후견인을 흠모하는 조수의 관계이다. 많

은 조직 내에서 피후견인에게는 자신들의 능력을 향상시키게 만드는 역할이 주어져 있으며, 많은 경우 힘에 부치는 업무를 담당하기도 한다.

- **단짝** 세이크리드 카우는 종종 평가절하된다. 그에게는 대수롭지 않은 직함이 주어지지만 상사를 위해 그가 맡은 역할은 공식적으로 발표된 것 이상이다. 그는 유사한 스타일의 옷을 입고 언제나 상사의 옆에서 지내며, 매일 의견을 주고받는다. 그가 맡은 유일한 역할은 상사를 보호하며 언제나 옆에 따라다니는 것이다.
- **궁중 광대** 긴장감을 없애는 사람이다. 흔히 입담이 매우 좋으며 사람들도 그를 좋아한다. 정확히 자신을 요구하는 때에 우스갯소리를 던져 분위기를 누그러뜨린다. 그는 상사의 입가에 웃음을 만들어 낸다. 권력과는 상관없는 주변인으로 보이지만, 절대로 그렇지 않다.

우리는 세이크리드 카우의 힘을 무시하거나 이를 인식하고 이용하는 데에 무지할 때 위험이 닥친다. 하지만 그들에게는 상사에 대해 영향력이 있고, 자신의 대변자가 될 수 있다는 점에서 이를 기회로 여길 수 있다. 초기 군주들의 궁정 내 권력관계를 탐구한 《권력의 법칙 The 48 Laws of Power》이라는 책에서 로버트 그린 Robert Green과 주스트 엘퍼스 Joost Elffers는 세이크리드 카우를 설명하는데, 이는 우리가 지금까지 살펴본 내용이 틀린 게 아님을 보여준다. '역사상 등장하는 위대한 신하들은 백성을 다루는 기술에 통달한 사람들이다. 그들은 왕으로 하여금 자신을 더욱 왕답게 느끼게 하며, 백성으로 하여금 자신들의 권력을 두려워하게 한다. 세력 축적의 마법사들인 그들의 말년은 종종 지배자보다 더욱 강

력한 모습이다.'[12]

피터 글렌Peter Glenn은 세이크리드 카우를 자신의 지지자로 탈바꿈시키는 방법을 발견했다. 미주리 주 세인트루이스St. Louis에 소재한 제조업 회사에서 근무하던 피터는 어느 날 갑자기 새로운 CEO가 자신의 오른팔인 마크 산체스Mark Sanchez와 함께 부임해오는 것을 보며 자신의 지위가 불안해짐을 느꼈다. 마크는 과거 여러 회사에서 새로 부임한 CEO와 함께 일해 왔다. CEO가 부임하자마자 때마침 회사에는 다른 회사를 인수할 기회가 생겼는데, CEO는 마크에게 인수팀을 맡겼다. 피터는 이 팀에 들어갈 수 있다면 CEO에게 자신의 인상을 남길 수 있다고 느꼈지만, 그보다 먼저 마크의 신임을 얻지 못한다면 이런 일은 일어날 수 없으리라는 점을 잘 알고 있었다.

피터의 목표는 팀에 합류하는 것이었고, 마크의 목표는 성공적으로 인수를 완수하는 것이었다. 피터는 이 인수 작업이 CEO에게 매우 중요한 사안이자 동시에 회사의 미래가 걸려 있으며, 마크가 인수 협상을 끝내야 한다는 사실을 잘 알고 있었다. 그는 과감하게 마크에게 자신이 적격자라는 부분 즉, 협상의 조력자로서 필요한 능력과 내부 정보를 가지고 있다는 사실을 제시하기로 마음먹었다. 마크는 피터의 솔직함과 야망을 높이 샀고 팀에 합류시켰다. 이후 마크가 성공적으로 인수 작업을 완수하자 CEO에게 피터의 승진을 권고했다.

피터가 현명하게 인식했던 것처럼, 세이크리드 카우를 다루는 데 있어 필요한 핵심 전략은 자신이 그들과 공존할 방법을 찾는 것이다. 세이

12 Robert Green, Joost Elffers, *The 48 Laws of Power* (New York, Penguin Books, 1993), p.179.

크리드 카우는 보통 사람은 쉽사리 뚫고 들어갈 수 없는 곳에서 상당한 권력을 휘두른다. 이 때문에 피터처럼, 그들에게 동조하여 자신의 지지 자로 만들어야 한다. 절대로 세이크리드 카우의 뒤통수를 치려 하거나 대적하려 해서는 안 된다. 보장하지만, 그런 행동은 자신을 파멸의 길로 인도할 뿐이다.

동료에게 판정승이 주어졌을 때

자신의 경력에서 적어도 한 번은 동료가 자신보다 빨리 승진하는 상황을 무력하게 지켜봐야 하는 처지에 놓일 때가 있다. 아직은 그런 경험이 없다고 하더라도, 앞으로 그럴 날이 있다. 그 원인은 권력과 관계되었거나, 인간관계와 관련된 문제일 수도 있다. 혹은 단순히 자신과는 다른 능력을 갖춘 사람이 회사에 필요하기 때문일 수도 있다. 하지만 그런 상황이라고 하더라도 기분이 나아지는 것은 아니다.

한 사람이 승진을 하면서 갑자기 기존의 동료, 친구, 단짝의 상관이 된다. 친구가 자신의 상사가 된다. '우리' 중의 누군가가 이제는 '그들' 중의 한 사람이 된다. 이런 상황은 수년 동안 형성되어 온 역학관계의 재구성을 강제한다. 한편으로 서로 공유했던 역사가 있기 때문에 팀과 회사에서는 동료의 승진을 하나의 이점으로 간주한다. 왜냐하면 집단은 미묘한 업무 진행을 위한 건실한 기초와 신뢰의 역사를 시발점으로 출발하기 때문이다. 또한, 서로 공유했던 역사가 있기 때문에 동료의 승진을 자신을 위한 자극제로 받아들일 수도 있다.

한편 동료가 승진을 한 상태에서 동료와의 예전 관계에 목을 매는 것은 현명하지 못하다. 이해관계가 바뀌었기 때문이다('제2장 지배하라'에서는 이런 상황을 다른 각도에서 논의했다). 이런 상황에서 자신의 지위를 안전하게 보장받으려면 새로운 상사에게 충성과 헌신을 바치겠다는 공언이 필요하다. 이전 동료는 어딘가에 자신을 위해 일해 줄 사람 즉, 자신의 성공을 뒷받침해줄 사람이 있다는 사실을 알고 싶어 한다. 이전 동료를 위해 진지하게 공헌하는 것이 무엇보다 중요하다. 자신의 동료가 승진했다는 사실이 중요하다. 내가 승진한 것이 아니다. 동료의 승진을 후원하는 노력을 확실히 보여줘라. 진정한 마음에서 우러나오는 것이 아니라면, 자신의 속내와 행동 사이의 균열이 백일하에 드러나게 된다. 우리 또한 그렇게 하는 것이 무척이나 뼈아픈 일임은 누구보다 잘 알고 있다!

4년간 헬렌 마틴Helen Martin은 샌디에이고의 오픈 채널 라디오Open Channel Radio의 수석 회계 담당으로 일하면서 최고의 성과를 올렸다. 헬렌이 열정적으로 추구했던 목표는 차기 세일즈 매니저가 되는 것이었다. 하지만 그 자리를 차지하지 못했다. 새롭게 발령된 세일즈 매니저는 로스앤젤레스 지사에서 일한 옛 동료로서, 고위층의 기대를 한몸에 받게 된 인물이었다. 헬렌은 망연자실했다. 분명히 이건 헬렌의 자리였다. 헬렌은 승진했어야 했고, 모두가 그 자리는 헬렌에게 돌아가리라 예상했었다.

좋다. 사실을 인정하자. 그렇다면 이제 어떻게 해야 할가? 헬렌은 정신을 가다듬은 후, 축하의 말을 전하고자 무거운 걸음을 옮겨 새로운 상사의 사무실로 내려갔다. 모든 영업사원들이 헬렌의 모습을 바라보았다.

묵직한 긴장감이 감돌았다. 헬렌은 자리에 앉은 후, 새로 부임한 상사를 반겼다. 그리고 그에게 필요한 정보로서 사내의 흐름을 자세하게 얘기해주었다. 더욱 중요하게는 간부로 온 두 명의 후임자들을 교육하겠다는 제안을 했다. 지국은 별 탈 없이 안정화되었다. 신임 상사는 조용하면서도 실질적으로 통제권을 발휘하게 되었다. 물론 고위 경영진의 귀에도 헬렌의 이러한 협조적인 태도에 관한 이야기를 흘러들어갔다. 6개월 후, 헬렌은 이에 대한 보상으로 본사인 뉴욕 영업팀의 간부로 승진되었다. 이 자리는 회사의 최고 경영진으로 더욱 빨리 승진할 수 있고, 훨씬 더 존재감을 드러내 보일 수 있는 무척이나 중요한 자리였다.

헬렌은 파국으로 치달을 수 있었던 상황을 성공으로 변화시켰다. 비즈니스 세계가 좀처럼 공정하지 못하다는 사실, 그러면서도 어떻게 패배를 받아들이는지 그 행동방식을 모두가 지켜보고 있다는 사실을 잘 인식했기 때문이다. 누구나 큰 성공을 거둘 수 있지만 동시에 멋진 패배자에게는 진심어린 박수를 보낸다. 승진에 어떻게 반응하느냐의 문제만큼 승진에서 탈락했을 때 어떻게 반응하느냐 또한 중요하다. 깊게 숨을 들이쉬고 신임 상사 그리고 사내의 모든 사람들에게 자신은 팀에 남겠으며, 앞으로도 회사를 위해 110퍼센트 더 노력하겠다는 의지를 확실하게 보여주어야 한다.

성공한 리더들은 상층부에서의 변화를 이용할 줄 안다. 조직의 권력 이동, 인사 정책 혹은 경영 실수의 상황에서라도 무방비상태에 처하지 않는다. 오히려 그들은 이러한 장애물에 맞서 전략적으로 행동하여 새로운 상사와 호혜적관계를 맺을 기회로 삼는다. 그들은 자신에게 해가 되기 전에 문제가 되는 지점을 제대로 발견하는 기술과 올바른 행동 방향을 결정하는 기술을 습득하고 있다. 만약 지금이 조직을 떠날 때라는 판단이 선다면, 그들은 적재적소에서 효과적인 탈출 전략을 발휘한다. 만약 남아야 할 때라는 판단이 선다면, 그들은 위험 신호에 반응해 누가 상사로 부임하든지 관계없이 자신들의 성공전략을 구상한다.

 체크 포인트

1. 상부의 권력 이동은 회사 전체에 그 여파가 미친다.

2. 상사가 회사를 떠나는 시점이 자신에게는 매우 위험한 때이지만 동시에 큰 기회이기도 하다.

3. 상사가 힘을 잃을 때 나타나는 열 가지 신호를 반드시 기억해 두라.

4. 신임 상사가 도착하기 전에 정찰을 시도하고 그의 이력과 경영 스타일을 수집하라.

5. 잊지 마라. 신임 상사는 90초 안에 여러분에 대한 판단을 내린다.

6. 토박이 안내인의 역할을 자임하기 전에 주의하라. 어떤 상사들은 그들에게 영구적인 자리를 내주지 않는다.

7. 세이크리드 카우가 누구인지 확인하고 그들을 자신의 지지자로 만들어라.

8. 동료가 승진했을 때, 미소를 지으며 배에 오르라.

7 상사를 관리하는 기술

회사 경영을 위한 최고의 방법이나 승진을 위한 가장 빠른 방법을 논하는 각종 이론들이 있는데, 이것들은 때로 서로 모순되기도 한다. 하지만 많은 이들이 별다른 이견 없이 동의하는 점이 하나 있다. 상사가 부하의 경력에 가장 큰 영향을 끼치는 인물이라는 사실이다.

수년간 우리는 수많은 비즈니스 관련 서적을 읽어왔다. 그중 대다수가 직장에서 벌어지는 일들을 스포츠 경기에 비유하고 있다. 아래에서 소개할 스포츠가 이제부터 유행하게 될 거라고 생각하지는 않지만, 자신의 상사와 맺은 관계를 한 스포츠를 통해 묘사해보려 한다. 이름은 테더볼tetherball이다.

이 게임은 매우 간단하다. 땅바닥에 긴 막대기를 단단히 박는다. 막대기 끝에 긴 줄을 매고 줄 끝에 공을 묶으면 준비는 끝난다. 얼마나 세게 공을 때리든, 어느 방향으로 날아가든, 얼마나 빨리 날아가든 공은 변함

없이 줄에 매달려 있다.

자신의 상사와 맺은 관계 또한 이 게임과 같다고 보면 된다. 아마 누군가는 자신을 막대기로 또는 공으로 여길 것이다. 당신이 이 게임에 참가하는 한 그리고 이 게임이 좋든 싫든 간에, 상사에게 매여 있음은 자명하다. 상사의 이력과 명성, 정책, 전략 그리고 어느 정도는 그의 경력 궤도에 묶여 있는 것이다.

이렇게 상사에게 매달려 있다는 사실은 축복일 수도 있으며 저주일 수도 있다. 때로는 커다란 기회를 안겨주기도 하지만 깊은 함정에 빠질 위기에 내몰리기도 한다. 또 자기 자신을 상사와 얼마나 밀접하게 연관시키는가에 따라 평판이 달라진다. 즉, 상사와의 관계는 다른 사람이 자신을 어떻게 보는가에 영향을 끼친다. 그 뿐만 아니다. 업무 달성 내용은 물론 자신의 진로까지 좌우한다. 간단히 말해서 상사와의 관계는 성공과 실패의 차이를 만들어 낼 수 있다. 다행히도 당신은 계약 기간을 변경할 수 있고, 관계에서 어느 정도의 주도권을 쥘 수 있는 위치에 있다. 하지만 우선은 상사가 추구하는 목표, 인지 습관, 경영 스타일에 대처하는 법을 알아야 한다.

일단 상사를 관리하는 법을 배우고 난다면(바로 이 방법을 이번 장에서 보여 준다), 자신의 경력을 공고화시킬 수 있고, 회사에서 달성 가능한 자신의 장래성이 분명하게 눈에 들어온다. 무엇보다도 상사를 효과적으로 대처하는 법을 깨우치게 되면, 자신을 지위를 안전하게 유지하는 데에 큰 도움이 된다. 우리는 누군가가 실업연금 수령 창구에 줄을 서서 머리를 흔들며, "왜 그걸 몰랐을까"라고 말하는 모습을 보고 싶지는 않다.

상사를 관리하는 다섯 가지 법칙

이제 시작해보자. 회사에서 힘
들게 작전을 수행하고 상사의 지지와 후원 없이 자신의 경력을 발전시키
고자 하는 당신이 보인다. 실무는 물론 수십 명의 경영자에게 조언을 해
준 우리들의 경험에 비추어 볼 때, 아래와 같은 다섯 개의 법칙은 무조건
따라야 한다. 만약 당신이 상사와 생산적인 관계를 만들고, 유지하고 관
리하고 싶다면 말이다.

상사보다 튀어 보여서는 안 된다

출세를 하고자 한다면, 똑똑함과 현명함 그리고 교묘한 책략이 필요하
다. 하지만 자신이 상사보다 더 똑똑하고 현명하게 보이며 더 훌륭한 책
략을 펴고 있다면, 이는 실수하고 있다는 뜻이다. 《권력의 법칙》 저자
인 로버트 그린이 표현한 것처럼, '권력 문제에서, 주인보다 튀어 보이
는 행위는 최악의 실수이다.'[13]

이러한 교훈을 망각한 부하직원은 혹독한 대가를 치르게 된다. 한 제
조업체가 분기 회의에서, 단합대회 성격으로 고위 경영진과 전체 영업사
원이 4일간의 일정으로 대회를 열고 있었다. 영업과 운영부의 신임 부사
장으로 임명된 켄 레이놀즈Ken Reynolds는 10년 이상 이 회사에서 근무
를 했지만, 세일즈팀을 맡은 것은 이번이 처음이었다. 첫날 켄은 단상에
뛰어올라 350명의 팀원을 반갑게 맞이했다. 그의 유머 감각과 유쾌한

---

13 Robert Green and Joost Elffers, *The 48 Laws of Power* (New York, Penguin Books, 1998),
pp.1~7.

태도는 회사의 고위직은 물론 여러 영업사원들을 즐겁게 했고 감탄마저 자아냈다. 그러고서 켄은 CEO를 소개했고 CEO는 연설을 시작했다. 연설이라고 해봤자 지난 10년 동안 개최됐던 대회에서 했던 무미건조하며 졸음을 몰고 오는 그 뻔한 연설을 약간 바꾼 것이었다.

이후 3일 내내 켄은 계속해서 모든 사람의 주목을 한몸에 받았다. 파티를 주관하고, 골프 선수권 대회를 진행하고, 수상자 명단도 발표했으며, 매일 밤 저녁식사 전에 한자리에 모인 청중들에게 익살스런 농담을 던지며 건배를 제안했다. 켄은 모든 형태의 세일즈 회의, 클라이언트 이벤트, 이사회 회합에서 진행되는 의식들의 주인공이었으며, 뛰어난 명사로서 평판은 끊임없이 올라갔다. 더불어 회사의 세일즈 실적이 전보다 향상되면서 켄의 주가도 올라갔다. 더불어 회사의 세일즈 실적이 전보다 향상되면서 켄의 주가도 올라갔다.

하지만 정말 느닷없이(적어도 켄에게는 그렇게 보였는데), CEO가 사내 조직의 전면적인 개편을 발표하고, 켄을 세일즈팀에서 전략기획팀으로 이동시켰다. CEO는 켄의 부서 이동을 승진이라고 발표했지만, 실제로 켄에게는 어떤 권한도 주지 않았다. 사내의 모든 이들도 이 사실을 알게 되었고, 6개월 후 켄은 사직서를 제출했다.

조직개편으로 당황했었다고 말하지만, 켄은 이런 상황이 올 수도 있다는 사실을 직감했어야 했다. 켄은 눈부신 세일즈 실적이 자신의 자리를 공고화시키리라 오판했다. 자만 탓에 판단이 흐려진 탓이다. 그리고 끊임없이 주인보다 튀는 행동을 했던 것이다! 결과적으로 켄의 인간적 호감과 만천하에 드러난 능력을 위협으로 간주한 리더의 불안감 덕분에 회사 내의 변방으로 추방된 셈이다.

우리가 말하는 상사보다 튀어 보여서는 안 된다는 것이 자신의 행동이나 실적을 수준 이하로 낮추라는 뜻일까? 절대로 그렇지 않다. 언제나 온 힘을 다하고 불꽃 튀게 일을 해야 한다. 단, 상사의 힘을 보완하는 형태로서만 그래야 한다. 이런 식으로 일을 해야 주인의 경쟁자로서 인식되지 않을 것이고, 자신의 상사에게 확실하게 신뢰감을 심어주면 이루지 못할 것이 없다.

상사를 돋보이게 하여라

상사보다 튀어 보여서는 안 된다는 말을 뒤집으면, 상사를 가능한 한 돋보이게 하는 데 필요한 모든 것을 행하라는 의미이다. 자신의 이름을 떨치기보다는 팬클럽 회장이 되어서라도 필요한 모든 순간에 상사의 성공을 선전해야 한다. 조직의 안팎, 조직 서열의 위나 아래에 관계없이 자신의 팀원은 물론 모든 상사들에 대해서도 이런 모습을 보여주어야 한다.

분명히 하자. 우리는 지금 맹목적인 아첨꾼에 대해 말하는 것이 아니라 프로다운 아첨이라는 세련된 게임을 제안하고 있다(상자 글을 참고하라). 뛰어난 아첨꾼들은 개인적 야망을 품으면서도 회사의 목표를 떠받치는 관리자로서 자신의 위치를 즉각적으로 설정한다. 이런 식으로 상사와 함께 한다면 자신에게 유리하게 상사와의 관계를 설정하는 것은 물론 자신의 세력 기반을 구축하는 데에 도움이 된다.

단순한 아첨과 프로다운 아첨

맹목적이고 단순한 아첨과 프로다운 아첨의 차이는 미묘하지만 매우 중요한 문제이기 때문에 따로 시간을 내어 논의할 가치가 있다. 그 차이는 한마디로 요약될 수 있다. '진정성'이 그것이다. 자신이 하는 말의 내용이 진실이며 정직하게 상사의 전문성과 성과를 축하한다면, 이는 프로다운 아첨이다. 엘리베이터 안에 상사와 단둘이 탑승해 있는 상황 혹은 공개적인 석상에서 한마디 던져야 하는 상황, 심지어 화장실 안에서 동료와 잠시 이야기를 나누는 상황 등 어떤 곳에서든 관계없다. 하지만 상사가 듣기 원하는 바라고 생각하여 쓸데없는 소리를 한다면 그건 아첨이다.

아첨의 동기 또한 여기서 역할을 한다. 만약 누군가가 아첨을 한다면, 이는 자기 자신을 위한 아첨이다. 상사의 비위를 맞춰 자신의 승진을 도모하기 위한 뻔한 수작이다. 반면 프로다운 아첨은 상사를 위한 아첨이다. 물론 이를 통해 자기 자신을 보호하며 자신의 주가를 올릴 수 있지만, 본질적으로 이런 행동의 목적은 상사를 지지하고 그를 쇼 프로그램의 스타로 만들어주기 위한 행동이다.

일일이 모든 것에 간섭하며 자신을 속박하는 상사를 두었다면, 상사를 돋보이게 하는 전략을 사용하는 것이 신임을 얻는 방법으로 매우 효과적이다. 규모가 큰 국제적인 시계 제조사의 중역이었던 비키 바카수모 Vickie Bakasumo는 우리의 이러한 조언을 받아들였다. 비키의 상사는 육군 대령 출신으로서, 이 회사에 오기 전에는 포장식품 회사의 CEO로 일하며 커다란 명성을 쌓았다. 안타깝게도 그에게는 시계 사업의 주요 사안에 대한 지식이 없었다. 하지만 그는 마치 군대를 이끌 듯 회사 경영에서 손을 떼지 않았다. "여기 계획이 있다. 나를 따르라." 이게 그의 모토였다.

출발부터 신임 상사가 내놓은 전략들 대부분이 샐러드드레싱 판매라면 기막힌 착상으로 받아들여질 수도 있었지만, 실제로 시계 사업에서는 좋은 성적을 내지는 못했다. 하지만 비키는 상사의 의견에 더해 너무 심하게 반대하거나 그를 바보처럼 만드는 모험을 택하는 대신 우선 CEO의 의견에 호응을 보내겠다고 동의한 후, 좀더 효과적이라고 생각되는 대안을 서서히 제안하기 시작했다. 대안 제시를 할 때에도 너무 공격적이라 여겨지지 않도록 세심하게 주의를 기울였다. 동시에 언제나 논리정연하고 빈틈없는 설명으로 자신의 제안들을 뒷받침했다.

처음 신임 상사는 비키의 아이디어를 그 자리에서 거부했다. 하지만 시간이 흐르면서 상사는 그 제안들이 비키가 추진력 있게 일을 진행할 수 있을 만큼 잘 정리돼 있다는 사실을 인식하게 되었다. 더욱 중요하게는 비키의 대안적 접근이 자신이 설정한 목표들을 달성시켜주거나, 증대시킨다는 사실을 인식한 점이다. 확신과 신뢰가 커지자 상사는 '내 뜻대로 하지 않으려면 관둬'라는 식의 태도를 버리고 점차 비키에게 더 많은 책임을 맡겼다. 비키는 기대를 저버리지 않았으며, 상사가 가장 신임하는 인물이 되었다.

한편 비키에게는 자넷이라는 동료가 있었는데, 그녀 또한 리더의 결정들에 심각한 결점 요소들이 있다고 느꼈다. 자넷은 더디지만 확실하게 상사를 돋보이게 하고자 하는 비키의 전략을 택하는 대신, 노골적으로 명령에 복종하지 않았으며 자신이 사업에 대해 더 잘 알고 있다고까지 주장했다. 자넷은 새로운 정권하에서 2주도 머무르지 못했다. 반면 비키는 카드 게임을 제대로 수행했다. 그리고 주어지는 책임은 더 늘어갔고, 이에 따라 조금씩 올라가는 급여와 승진은 물론 잇따른 보너스를 누렸다.

상사에게 표하는 경의

상사에게 경의를 표하는 것은 무엇보다 중요하다. 다른 말로 하면, 싫어하든 좋아하든 간에 상관없이 상사의 지위를 존경한다는 뜻이다.

자신의 생각에 어쩌면 지금의 상사는 우편물실에서나 근무해야 할 사람인 경우도 분명히 존재한다. 하지만 이점을 생각해보자. 상사가 그 지위에 있는 것은 당신이 결정한 사안이 아니다. 상사는 그를 신뢰하고 믿는 누군가에 의해서 고용되었다. 따라서 상사를 고용한 사람들에게 이는 잘못된 인사라고 말하는 것은 엄밀히 말해 당신의 소관이 아니다. 사실 그런 행동은 생각보다 훨씬 빨리 스스로를 무방비상태에 몰아넣는 꼴이 된다.

당신이 최우선적으로 신경 써야 할 부분은 바로 자기 자신의 보호이다. 그리고 이를 위한 최고의 방법은 모든 이로 하여금 자신의 상사가 이 사업에 천부적인 재능을 소유한 사람이라 생각하게 하는 것이다. 상사를 돋보이게 하는 것, 나의 아이디어를 통해 성공을 거두었을 때 그에게 공로를 돌리는 것은 바로 상사가 당신을 신뢰하게 하는 출발점이다. 상사로부터 더 많은 신뢰를 받을 때, 더 많은 책임을 주며 승자의 위치에 더 가깝게 다가설 수 있다. 그리고 당신이 상사의 도움을 절실히 필요로 할 때 자신의 뒤를 확실하게 받쳐주며, 혹 다른 팀으로 이동할 때에도 든든한 후원자 역할을 한다.

결론은 이렇다. 상사를 돋보이게 하는 행위는 수많은 점에서 자신에게 이득이 된다. 이 전략을 통해 실제로 책임 있는 자리를 맡게 되며, 가장 중요하게는 회사에서 자신의 평판을 좋은 방향으로 강화시킬 수 있다.

기 대   이 상 의   일 을   하 라

상사를 관리하는 매우 효과적인 또 다른 방법은 기대치 이상의 결과를 달성하는 것이다. 이 방법은 '상사보다 튀어 보여서는 안 된다'라는 전략과 상충하지 않기 때문에 걱정하지 않아도 된다. 자신이 달성한 성과가 상사를 돋보이게 한다면, 상사는 당신을 자신의 경쟁자가 아니라 팀에 필수불가결한 재원으로서 인정할 것이다. 또한, 상사는 당신이 보여준 능력을 발굴한 사람이라는 명성을 얻게 되며, 이에 다라 계속해서 중용하게 된다.

대개 '상사를 돋보이게 하여라'라는 전략과 '기대 이상의 일을 하라'라는 전략을 결합하는 것이 가능하며, 또한 그렇게 하는 것이 현명하다. 시카고의 한 병원에서 퇴직금 관리 담당을 맡은 미셸 태저Michelle Tazor는 위에서 말한 내용을 그대로 실천했다. 미셸은 상사(이 병원 최초의 여성 원장)가 부임하기 전까지 7년간을 일해 왔다. 상사가 부임하자마자 미셸은 어떤 패턴에 주목하게 되었다. 매번 임원회의 10분 전 상사로부터 가장 최근의 직원 수를 묻는 다급한 전화를 받곤 했다.

미셸은 모든 것이 제자리에 있어야 하고 결과를 중시하는 고전적인 스타일의 관리자였다. 미셸은 신임 상사가 매력적이고 역동적인 프레젠테이션 능력을 갖추고는 있지만 꼼꼼한 사람이 아니라는 점을 금세 깨달았다. 상사는 회의 준비를 철저하게 하지 못했고, 충분한 시간을 들여 자료를 제대로 점검하지 않았다. 보고는 열정적이었지만 숫자를 계속 물어댔기 때문에 임원들이 모두 모인 회의는 매끄럽게 굴러갈 수 없었다.

미셸은 자신의 상사를 돋보이게 할 수 있는 가장 현명한 방법은 최신 직원 현황 자료와 퇴직금에 관한 정확한 통계 자료를 주는 것이었다. 미셸은 상사의 비서에게 임원회의 시간을 주지시키도록 하고, 미리 시간을 내어 수치를 확인시켰다.

미셸의 노력은 성공했다. 임원회의 전에 준비를 확실하게 거들어 줌으로써 상사는 임원들 앞에서 성공적으로 보고를 할 수 있었다. 이러한 과정에서 미셸은 상사와 빈번하게 만날 수 있었고 존재감을 강조할 수 있었다. 결국 미셸은 상사가 기대하는 이상의 일을 해내었고 성공을 향한 기회도 늘렸다.

문제가 아닌 해결책을 제시하라

두 종류의 직원이 있다. 무엇이든 할 수 있다는 자세를 가진 직원과 하늘이 무너진다며 불평하면서 시간을 보내는 직원. 성과를 올리고, 승진을 하며 자신의 세력 기반을 확충하기 위한 지름길은 회사에 문제가 생겼을 때 상사가 제일 처음 만나고 싶은 사람이 되는 것이다.

일레인 J. 아이젠만은 새 직장에서 이 규칙을 실제로 행해 볼 기회를 얻었다. 일레인에게 처음으로 맡긴 업무 중 하나는 본사에서 최초로 열리는 300명 규모의 포럼을 만드는 일이었다. 수차례의 검토 및 수정 작업이 반복된 끝에 마침내 최종 계획이 결정되었다. 일레인과 팀은 회사의 카페테리아를 최첨단 회의시설로 훌륭하게 탈바꿈시켰다. 회의 전날 저녁 일레인이 최종 점검 작업을 하고 있는데, 회장으로부터 물류센터에서 추가로 회의 참석자를 100명 더 초대했다는 전화가 왔다. 카페테리아의 수용 능력에 여유가 없었기 때문에 100석은커녕 10석조차 더 만들어 내기 어려운 상황이었다. 하지만 그래도 뭔가를 시도해 봐야 한다고 생각했다.

일레인은 즉각 현장에 여전히 남아 있던 설비 관리자를 찾아가 두 번째 회의장소를 만들어야 한다고 말했다. 이를 위해서 주차장에 텐트를 치고 100석의 추가 좌석을 마련하고 연단과 스피커, 비디오 스크린을 설치해야 했다. 작업이 끝나기 전까지 그날 밤 아무도 퇴근하지 못하리라는 점은 불을 보듯 뻔했다. 일레인은 회장에게 전화를 걸어 해결책을 찾았고 아침에 제일 먼저 해결하겠다고 말했다. 그러고는 곧바로 일에 착수했다.

'나에게 해결책을 가져오라'라는 명령은 실제로 문서나 구두로 전달되는 법이 없다. 하지만 숙련만 된다면 자신의 세력 기반을 다지는 데 있어서 커다란 성과를 얻을 수 있다.

상 사 의   후 위 를   지 켜 라

상사의 후위를 맡는다는 것은 매우 단순명료한 규칙이다. 우선, 상사에게 부정적인 영향을 끼칠 수 있는 사적인 문제는 물론 공적인 문제에 대해 비밀을 지켜야 한다. 둘째, 상사가 부재시에는 주저하지 말고 대신하여 일을 맡아라. 하지만―언제나 그렇지만―상사에 대한 전폭적인 신뢰를 보내야 한다. 셋째, 내부 정보를 주고받는 거래에 자신의 지위를 이용해서는 안 된다. 자신의 등 뒤를 지켜준다는 믿음을 상사가 더 크게 갖게 되면, 이에 대한 보답으로 상사 또한 보호막 역할을 해준다. 상사에게 있어서 자신의 사무실에 들어와 문을 닫고, "조심하십시오! 방금 들었는데…"라고 말해주는 믿음직한 충복만큼 위안이 되는 것은 없다.

디트로이트의 투자정보 서비스사의 재무 담당 부사장인 카를로스 에르난데스―심스Carlos Hernandez―Sims는 상사의 후위를 지키는 것이 얼마나 중요한지 잘 알고 있었다. 자신의 상사인 CFO가 파나마로 배낭여행을 떠났을 때, 회사에는 갑자기 예산 위기가 닥쳤다. CFO에게 연락을 하기 어려웠던, 회장은 카를로스에게 해결책을 마련하라고 지시했다. 카를로스는 서둘러 해결책을 마련해야 했지만, 동시에 휴가를 즐기는 상사가 상부에 보고가 되기 전에 관련 수치를 확인하고 싶어하리라는 점도 잘 알고 있었다.

물론 오지로 배낭여행을 떠난 사람에게 연락을 한다는 것은 꽤 어려운 일이었다. 그러나 이번 여행을 마련한 여행사와 협조하면서 카를로스는 가까스로 정글의 캠프장에 전화를 할 수 있었다. 그는 상사에게 회장이 수치 자료를 요구하고 있다는 사실을 알려주고, 회장에게 자료를 올리기 전에 먼저 승인을 받고 싶다고 말했다. 다음날 아침 자료를 올릴 때, 카를로스는 전날 밤 정글에 있는 CFO와 직접 상의하여 모든 것을 준비했다는 사실을 회장에게 분명히 언급했다. 회장은 카를로스의 솔직함과 주어진 일을 기필코 달성하는 자세를 높이 평가했으며, CFO 또한 자신의 뒤를 봐준 점에 감사하게 생각했다. 카를로스의 경력은 괄목할 정도로 쌓아졌다. 이보다 더 좋은 상황은 없을 것이다.

타인의 시각에 도사린 함정

지금까지 우리는 상사를 관리하는 법을 분명하게 제시했다. 하지만 아직 여러분의 의표를 찌를 수 있는 한 가지가 남아 있다. 바로 다른 사람의 눈이다.

회사 내의 다른 사람들이 자신과 상사의 유대관계를 어떻게 보느냐는 일반적으로 생각하는 것보다 훨씬 더 중요하다. 진실이 무엇이냐가 아니라 문제는 진실을 어떤 눈으로 바라보고 있느냐는 점이 중요하다는 이야기이다. 그들이 옆방에서 근무하는 동료에게 말한 내용이 다시 다른 부서 사람에게 이메일로 전달되며, 이 사람은 다시 점심 대에 자신의 비서에게 이 얘기를 꺼낸다. 자신이 눈치 채기도 전에 다른 사람들이 가진 잘못된 견해가 오히려 진실이 된다. 물론 자신에게 유리한 소문도 이런 식으로 전달될 수 있지만, 대개 볼 수 있는 상황은 문제가 터지기만을 바라는 복병이라고 할 수 있다. 이 때문에 동료가 자신을 어떻게 생각하고 있는지 끊임없이 점검해야 한다. 제대로 점검을 할 때, 다른 사람의 눈이라는 함정에 빠지지 않게 된다. 우리가 알고 지내는 많은 유능한 경영자들도 자신의 경력을 싹 틔우기도 전에 그 싹이 잘려나간 경험을 맛보았기 때문이다.

미니미 신드롬

강력하고 영향력이 있는 역동적인 리더와 일하고 싶어 하지 않는 사람이 어디 있으랴? 우리 세 사람 또한 언젠가 한 번씩은 그런 상황을 즐겼던 적이 있다. 이런 상사와의 업무 경험은 많은 것을 배울 수 있는 흔치 않은 기회이다. 진정으로 어떻게 사람들을 자극하고 지휘하며 그리고 얼마나 많이 심사숙고하는지 직접 자신의 눈으로 확인할 수 있는 매우 드문 경우이다. 동시에 성공을 향해 나아가며 보다 나은 삶을 위해 당신을 이끈다.

하지만 그런 강력하고 역동적인 인물과 친밀하게 일하는 데에는 위험이 따를 수도 있다. 만약 다른 사람들이 당신을 상사의 판박이라고 즉, '미니미mini me'(영화 〈오스틴 파워〉에 등장하는 악당 닥터이블의 판박이 난장이 — 옮긴이)와 다를 바 없다고 생각한다면, 사람들의 신임을 잃을 위기에 처하게 된다. "회장을 만났는데 말이야. 회장은 우리가 이렇게 해야 한다고 하더라고" 혹은 "사장은 이런 걸 원하더라고" 혹은 "상사하고 나는 이렇게 생각해"라는 식으로 대화를 하게 된다면, 자신은 어떤 권위나 힘도 없으며 모든 결정을 상부에 의존하는 사람이라는 인식이 형성되거나 이미 형성된 인식이 더 강화된다. 이런 부정적인 인식은 성공을 꿈꾸는 자신의 모든 희망을 갉아먹기 시작한다. 따라서 차별화된 자신의 생각을 제대로 표현하는 전략에 대해 생각해 둘 필요가 있다.

이제 당신을 위한 게임 계획을 제시한다. 상사가 만들어 놓은 자료를 공개적인 자리에서 이야기 할 상황일지라도 적절한 전달 방식을 마련해야 한다. 프레젠테이션에서는 '우리'라는 주어 대신에 '나'라는 주어를 사용한다. 이때 상사가 해놓은 성과를 가로챈다는 인상을 주지 않도록 각별한 주의가 필요하다. 최고 경영자가 그렇게 하는 것은 상관없다. 그 위로는 아무도 없기 때문이다. 그럼에도 자신의 팀 앞에서 이야기할 때에는 '우리'라는 주어는 삼가는 것이 좋다.

이런 태도를 기초로 삼아 스스로 만들어내고 가르치고 이끌 수 있는 프로젝트와 업무 할당을 지속적으로 요구해야 한다. 또한, 상사가 맡은 프레젠테이션 중 일부를 자신에게 맡겨달라고 제안하라. 이를 위해 자기 자신만의 인간관계를 구축해야 한다.

지금의 이야기가 앞에서 상사를 돋보이게 하라고 했던 이야기와는 모순되는 것이 아닌가라고 의문을 던지는 독자가 있을지도 모르겠다. 하지만 절대로 그렇지 않다. 자기 자신만의 프레젠테이션을 하고, 자기 자신만의 인간관계의 구축을 통해서 주변 사람들의 신임이 강화되면 자신의 정체성 또한 잃지 않게 된다.

가 장 믿 을 만 한 친 구 들 의 수 수 께 끼

영어의 '카운슬러' 혹은 '조언자'의 뜻이 있는 이탈리아어 콘시글리오레Consigliore는 마피아와 관련하여 가장 빈번하게 사용되는 단어이다. 영화 〈대부The Godfather〉나 〈소프라노스The Sopranos〉를 본 적이 있는 사람이라면 돈 가문의 제1조언자가 얼마나 흥미롭고 힘 있는 존재인지 어렴풋하게나마 파악할 수 있다. 누구나 상사에게 가장 믿을 만한 사람이 되고 싶어 하지만 쉽지 않은 일이다. 물론 그렇게만 된다면 권력의 바로 옆 자리에 앉을 수 있다. 모든 비밀정보에 접근할 수 있으며, 영향력을 지닌 인물들을 만날 기회도 얻으며, 이러한 관계를 통해 동료보다 자신만의 관계망을 구축하는 데 있어 더욱 유리한 고지를 선점할 수 있다.

반대로 누군가가 권력의 그늘에 있다면, 조직 내 다른 모든 사람들은 그 사람이 노력하여 얻은 권력을 행사하는 것이 아니라 일종의 반사 권력을 행사하는 것쯤으로 간주하는 문제가 따르기도 한다. 예컨대 자신이 CEO에게 직접 보고를 하는 전략기획 담당자라고 할 때, 계열사 사장들에게 전략 계획 보고서를 통해 자신이 정한 마감일을 준수하라는 지시를 내릴 힘이 있다. 비록 그들이 사내의 위계질서에서 자신보다 더 높은 자리를 차지하고 있다고 할지라도 말이다. 계열사 사장들은 자신의 동료도 아니며 분명히 자신에게 대답을 해야 하는 하급자도 아니다. 하지만 그들은 당신이 상사 대신 행동하고 있다는 사실 때문에 즉, 당신이 명령을 내렸기 때문이 아니라 당신이 가진 권위를 존중하기 때문에 그 마감일을 준수한다.

그러나 노력하여 얻은 권력은 이와는 다르며, 이는 단어가 의미하는 그대로이다. 즉, 자신의 성과를 통해 얻은 권력이다. 대개 조직 대부분에서 핵심 책무가 지워진 관리자들과 중역들은 노력을 통하여 얻은 권력을 가지고 있다고 생각되는 반면, 인사나 관리팀의 책임자들은 반사 권력을 가진 사람들로 인식된다. 누가 진짜 권력을 가지고 있는지는 종종 구별해내기 쉽지 않다. 다음 장에서 우리는 당신의 성공에 열쇠가 되는 인사팀의 반사 권력을 살펴볼 것이다.

미리 말해 두지만, 반사 권력이 언제나 부정적인 것은 아니다. 사실 때로는 놀라운 수단이 되기도 한다. 반사 권력은 명령체계의 상부와 접촉할 수 있는 접근 권한을 제공한다. 우리가 앞서 언급한 CEO의 메시지를 전달하는 전략기획 담당자는 자신의 능력과 충성을 통해 계열사 사장들에게 깊은 인상을 남기기도 한다. 접근 권한은 종종 승진을 위한 핵심 요소이기 때문에, 넓은 시야를 가지고 현명하게 사용한다면 반사로 얻은 영광은 대단한 수단이 된다.

하지만 '콘시글리오레'로서의 역할에는 다른 부정적인 면도 있다. 상사가 자신의 말에 귀를 기울이고 있기 때문에, 조직 내의 다른 관리자들이나 중역들이 자신을 대형 공연장의 정문을 통과할 수 있게 하는 입장권으로 여기기도 한다. 아부나 감언이설을 하기도 하며, 심지어 단도직입적으로 값비싼 레스토랑이나 공연장의 R석 티켓으로 당신의 마음을 흔들어 놓기도 한다. 하지만 조심해야 한다. 마키아벨리Machiavelli가 경고했듯이, '인간은 속성상 쉽게 만족하고 쉽게 사기를 당하기 때문에 아첨꾼들이 곳곳에 깔린 것이다.'[14]

여기에 진짜 위험이 도사리고 있다. 자신이 얼마나 많은 영향력을 가지고 있는지 판단하지 못할 때, 어떻게 자신의 소질이나 재능을 현실적으로 가늠할 수 있겠는가? 거짓 없는 반응을 얻지 못하거나 자신의 권력에 대해 잘못 인식할 때, 무방비상태에 내몰릴 위험에 처한다. 위험을 최소화시키고 이러한 수수께끼에 대응할 수 있는 최고의 방법은 콘시글

---

14 Niccolo Machiavelli, *The Prince* (New York : Bantam Classic, 1981), 편지 23, 〈아첨꾼들을 피하는 법〉

리오레로서 역할 하는 시간을 제한하는 것이다.

특권과 아첨을 포기하기란 꽤 어렵다는 사실을 우리는 체험을 통해 알고 있다. 하지만 중역의 화장실을 사용할 수 있는 권리를 버리고 싶지 않다고 하더라도, 너무 오래 그 자리에 남아 있다면 결국 자신의 경력과 평판에 손상을 입게 된다. 이제 떠날 시간이라는 외부의 신호를 파악하는 것이 중요하다. 아래의 세 가지 신호에 주의를 기울여야 한다.

- 달력 3년 이상 콘시글리오레의 지위에 있으면 안 된다. 1년차에는 자신이 발 딛은 자리를 공고화시키고 상사와의 신뢰관계를 형성한다. 2년차에는 가능하다면 상사에게 많은 것을 배우고, 중역들이 받는 것에 근접한 보상을 받아낸다. 3년차에는 탈출 전략을 발동하고 떠날 준비를 확실히 해야 한다.
- 인력 회사 헤드헌팅사로부터 자기보다는 다른 사람을 보내달라는 전화를 점점 더 많이 받게 된다면, 자신의 이력서를 업데이트 할 때이다. 시장에는 여러분이 현재 자리에 만족하며 장기간 근무하리라는 인식이 형성되어 있을 수 있다.
- 동료의 승진 같은 서열에 있던 동료가 자신보다 높은 자리로 승진할 때, 사내에는 자신이 성공을 위해 땀 흘리는 사람이 아니라 강력한 상사에게 빌붙어 있고자 하는 사람이라는 인식이 퍼져 있을 수 있다.

남녀를 불문하고 모든 중역들은 문제가 일어날 징조에는 민감하지만, 특히 변화가 필요한 시점에서 나타나는 징조에 여성 중역들은 대체적으로 둔감하다. 여성 중역들은 조언자로서의 역할에 과도하게 안주하고 접근 권한을 유지하고자 억지로 애를 쓰며 자신에 대한 남들의 평가에 대해 오해하는 경향이 있다. '왜 그걸 몰랐을까'의 상황을 피하려면 여성들은 조언자로서의 역할에 쓰는 시간을 엄격하게 제한해야 하며 자신의 장점을 발휘할 기회를 항상 노려야 한다.

전 이 현 상

회사에서 누군가로부터 "당신을 보면 …가 떠오르는군요"라는 말을 얼마나 자주 들었는가? 아첨으로 들리기까지 한 이것은 큰 함정일 수 있다. 자신은 이미 사람들로 하여금 다른 누군가가 연상된다는 말을 들었기 때문에, 자신의 행동이나 성과가 어떻게 이해되고 해석될지 더는 끼어들 틈이 없다.

이러한 문제는 정신분석가들이 전이transference라고 부르는 것으로, 과거로부터 행동 패턴이나 감정을 끌어내어 그것들을 담당 임상의에게 덧씌우는 환자들에게서 공통으로 관찰되는 현상을 가리키는 용어이다. 이런 환자들에게는 현재의 경험으로부터 이전의 경험을 분리해내는 능력이 없다.

이것이 여러분의 일과 무슨 관계가 있을까? 전이이론을 조직에 적용시켜 본 두 명의 정신분석학자 만프레드 F. R. 케츠 드 브리스Manfred F. R. Kets De Vries와 마이클 맥코비Michael Maccoby는 "상사와 직속 부하의 관계에서 수많은 전이의 상황을 발견했으며 이는 상당히 충격적"이었다고 발표했다.[15] 예를 들어 미국 남부 억양을 가진 사람이 하는 말을 들을 때, 아마도 상위 계급의 영국 악센트를 사용하는 사람과는 다른 화자의 이미지가 마음에 떠오른다.

전이는 무의식적인 과정이므로 구별하기는 무척이나 어렵다. 하지만 이것이 작동될 때, 당신의 경력에는 일종의 변화가 일어날 수 있다. 만약 자신의 상사가 다음과 같은 이야기를 할 때, 전이가 자신의 경력에 영향을 끼치는 것인지도 모른다.

- 자식에게 고압적인 엄마처럼 말을 하는군.
- 고등학교 시절 라이벌을 생각나게 하는군.
- 귀염성 있는 아들 혹은 비행만 저지르는 딸을 생각나게 하는군.
- 옷차림이 헤어진 남편과 비슷하군.
- 사랑하는 할아버지처럼 웃는군.
- 헤어진 아내처럼 말싸움을 하는군.
- 내 첫 번째 보스처럼 비판하는군.
- 고등학교 시절의 여자 친구를 생각나게 하는군.

위니 제이콥스는 미드웨스트의 텔레비전 방송국 국장으로 승진했고, 기쁘게도 최고의 세일즈팀을 물려받았다. 하지만 두 달 후 데리고 있던 세일즈 팀장이 근처 도시의 다른 방송국 경영자로 승진하면서 뜻하지 않게 자신의 팀에 구멍이 생겼다. 팀의 모든 사람들은 빈자리를 채울 사

---

15 Manfred F. R. Kets De Vries, ⟨Putting Leaders on the Couch : A Conversation with Manfred F. R. Kets De Vries⟩, interview by Diane L Coutu, *Harvard Business Review 82*, no. 1(January 2004), 64-71, 113. See also Michael Maccoby, ⟨ The Power of Transference⟩, *Harvard Business Review*(September 2004) (reprint R0409E).

람으로 지난 3년간 최고 성과를 올린 세일즈 중역인 토니 스칼로토가 적임이라고 생각했다. 하지만 놀랍게도 위니는 다른 후보자들과 인터뷰를 시작했고, 이런 상황에서 토니가 할 수 있는 일은 아무것도 없었다.

어느 날 저녁, 시즌 개편을 위한 계획을 검토하는 자리에서 토니는 우연히 다른 도시에서 참석한 회사의 부회장 옆에 앉게 되었다. 부회장은 자신을 쳐다보고는 화들짝 놀라면서 말했다. "위니 제이콥스의 전 남편을 닮았다는 얘기를 들어본 적 없는가? 어휴, 끔찍한 이혼이었지." 토니는 그때야 이유를 알게 되었고, 다음날 아침 명함집을 펼쳐들고서는 헤드헌팅사에 전화를 돌리기 시작했다.

유감스럽게도 오랫동안 간직한 기억들(특히 좋지 않은 기억들)은 머릿속에서 몰아내기 정말 어렵다. 상사의 사무실에 들어가기만 해도 자신을 보면서 과거의 나쁜 기억을 떠올린다면 무슨 수로 그를 관리할 수 있겠는가? 물론 상사가 보이는 반응은 본질적으로 당신들과는 아무 관련이 없다. 하지만 다른 식으로라도 접근하여 상황을 타개하려 하지만 결코 상사의 생각을 바꿀 수는 없다. 그렇다고 해서 즉각 수건을 던지고 문밖으로 나가야 한다고 생각하지는 않는다. 우선 자신의 어떤 행동에 상사의 부정적인 반응이 일어나는지를 살펴보는 것이 좋겠다. 혹은 한동안 그러려니 상황을 내버려두고 믿을 수 없는 놀라운 성과를 올린 후 그 상황에서 벗어날 수 있는지를 살피는 것이 좋다. 그럼에도 마찰이 계속될 때는 탈출 전략을 즉각 발동시켜야 한다.

 체크 포인트

1. 상사보다 튀어 보여서는 안 된다.

2. 조직 안에서는 물론이고 밖에서도 누구보다 상사를 지지하는 직원이 되어야 한다.

3. 기대 이상의 행동을 하고, 팀에서 필수불가결한 재원이 되어야 한다.

4. 무엇이든 할 수 있는 직원이어야 한다.

5. 상사의 후위를 지켜라.

6. 3년 이상 조언자로서의 역할을 맡아서는 안 된다.

7. 자신에 대한 사람들의 인식을 관리하여 '미니미'로 보이지 않게 하라.

8. 이해되지 않는 상황에 대한 설명으로 전이현상이 그 답이 될 수 있다는 점을 기억하라.

8 보이지 않는 권력을
관리하는 기술

거의 모든 회사에는 조직도가 있다. 아마도 이는 회사 내의 권력 흐름을 보여주는 것일 게다. 그러나 조직도가 실제로 권력이 어떻게 흐르고 있는지 제대로 설명해주지는 못한다. 훨씬 더 정확한 조직도라고 해도 강이나 강줄기를 그린 지도인 정도다. 수많은 지류支流인 직원들이 이보다 적은 수의 시내 즉, 현장 주임으로 흘러들어 가고, 이는 다시 더 적은 수의 개천인 관리자로 흘러들어 가며, 다침내 얼마 되지 않는 수로인 고위 경영진은 바다 즉, 사장이나 회장으로 이어진다.

그럼에도 이렇게 그린 지류 역시 충분하지 않다. 회사 내에 흐르는 모든 지하수의 수맥까지 나와 있는 것은 아니기 때문이다. 하지만 이런 흐름이 보이지 않는다고 해서 무사안일하게 지내서는 안 된다. 이렇게 겉으로 드러나지 않는 지류들은 즉, 재무팀, 인사팀, 법무팀의 관리자들이다. 회사에서 성공하는 가장 좋은 방법의 하나는 바로 이러한 지류에 대한 성공적인 관리 방법을 습득하는 것이다.

이것이 중요한 이유는 무엇일까? 가장 간단한 답은 그들이 보통 고위 경영진에 대한 직접적인 접근 권한을 가지며 때에 따라서는 CEO에 대해서도 그 권한을 이용하기 때문이다. 그들이 당신을 어떻게 평가하고 인식하는지에 따라 경영진에게 특정한 영향이 미칠 수 있다는 점을 명심해야 한다.

그들은 또한 내부 정보를 알고 있으며 표면적으로는 불필요하다고 느낄 수 있는 권력 행사를 위해 이를 이용한다. 그렇다고 해서 자신의 상황을 불안해하기보다는 그러한 힘을 이해하고, 그들과 친하게 지내고 존경하고 공조하는 것이 중요하다. 오히려 회사 내의 지류들과 강한 연대를 맺음으로써 곤란한 상황에서 벗어날 수 있으며, 고위직으로 승진하는 데에 몇 가지 방해물들을 쉽게 제거할 수 있다. 반대로 이런 사람들을 무시하거나 그들의 힘을 오판한다면 수렁에 빠지거나 장애물을 만들고, 심한 경우 무방비상태에 처하게 된다!

이에 앞서 이들보다 표면상 더 드러나지 않는 지류인 다른 집단을 살펴보자. 이들은 회사의 컨설턴트들이다. 그들은 간부라고는 할 수 없지만 비용을 들여 초청한 손님들이며 종종 몇몇 강력한 경영자들을 지지하거나 후원하곤 한다. 일반적으로 컨설턴트들은 직업적인 조언자들이라 조직 개편 관리, 특별 프로젝트 관리, 간부 이동, 심지어 회사의 규모를 줄이는 일을 돕도록 경영진에 의해 초빙된다.

이러한 사실이 당신과 어떤 관계가 있는 것인가? 소위 방랑자라고 할 수 있는 이런 지류들은 사내를 자유롭게 배회하며 조직에서 보고 느낀 바를 보고서로 작성하여 사장이나 다른 상부 경영진에게 제출한다. 컨설턴트들은 권력을 가진 사람들의 귀를 장악하여 뼈가 담긴 대기를 조용히 나누곤 한다. 이러한 그들의 지위를 이용하여 당신을 칭찬하기도 하며 우리가 갖는 희망에 찬물을 끼얹기도 한다. 현명한 사람이라면 결코 이런 숨어 있는 지류 혹은 컨설턴트들을 무시하지 않는다. 자신의 경력에서 그들과 효과적으로 공조할 필요가 있으며, 마이클 왓킨스Michael Watkins의 책 《90일 안에 장악하라The First 90 Days》에서 '관계 자본relationship capital'이라고 부른 것을 발전시킬 필요가 있다. 이를 통해 여러분은 자신을 위해 그들의 힘을 이용할 수 있다.[10]

손에 돈을 쥔 괴물

CFO는 조직에서 가장 강력한 지류이다. 그는 급여는 물론 회사 예산 관리, 회사 이전 비용, 부동산 임대차 계약과 같은 모든 중요한 문서에 대해 승인을 하며, 대외 공개를 하고자 매출장부를 분석한다. 또한, 폭넓은 영역에서 영향력을 행사하며 특히 승진, 급여 인상, 보너스, 해고 등을 포함해 모든 실무 관리자에게 영향을 끼치는 부문과 관련되어 있다. 즉, CFO는 모든 대답을 가진 사람이다. CFO가 행하는 재정 보고는 모든 형태의 관리자급 회의에서 핵심을 차지한다. CEO는 CFO가 자기 옆에 있지 않다면 '월스트리트'에 아무 얘기도 흘리지 않는다. 그러하기에 CFO에게는 유감스러운 일이지만 영예를 누리는 동시에 때로 빗발치는 비난의 화살을 맞기도 한다. 엔론Enron,

[10] Michael Watkins, *The First 90 Days: Critical Success Strategies for New Leaders at all Levels* (Boston : Harvard Business School Press, 2003), p.187.

월드콤Worldcom, 헬스사우스HealthSouth의 폭락 사태에서 이를 확인할 수 있다. 이 세 회사의 CFO들과 CEO들은 신문의 헤드라인을 함께 장식했으며, 이들 중 몇은 자리를 떠나야 했다.

결국 돈을 주무르는 괴물 혹은 권력의 요새인 CFO를 자신의 편으로 만들지 않고서는 아무 일도 행할 수 없다. CFO를 자신의 편으로 만드는 가장 좋은 방법은 그가 사용하는 언어를 습득하는 것이다. 즉, 숫자놀음이다. 어떻게 그럴 수 있을까? 직원 충원, 자산 개선 문제 등 무엇을 요구하든지 간에, 그에 따라 돌아올 반대급부 역시 분명히 제시할 수 있어야 한다. 만약 CFO나 직속 부하가 당신의 의견에 동의했다면, 그들보다 고위층에 있는 경영진에게 똑같이 당신을 위해 강력한 지지를 표명할 수 있다. 또한, 지지를 얻었다고 해도 때로는 CFO에게 자기 자신을 정당화해야 할 때도 있다는 점을 명심해야 한다. 만약 CFO가 당신이 회사의 순익에 실질적인 공헌을 하고 있지 않다고 느낄 때, 그는 자신에게 무척이나 위험한 인물이 될 수 있다. 즉, 고위 경영진 앞에서 그는 스스로 엄선하여 고른 부정적인 단어를 입에 올릴 수도 있다. "더는 지원도 없고, 프로젝트도 없어"라는 말 이상의 상황이 전개될 수도 있다. 이런 게임에 항상 긴장하여 임하지 않으면, 짐을 싸야 하는 상황에 처하게 된다.

메리 어헌Mary Ahern은 쓰라린 경험을 통해 이러한 교훈을 뒤늦게 얻었다. 미드필드 스포츠Midfield Sports라는 500개 이상의 점포를 거느린 스포츠 기구 소매업체인 회사가 신설한 마케팅 최고 책임자로 일한 지 1개월이 되던 때였다. 메리가 고용되기 전까지 마케팅은 점포 기획부서 소관이었다. 마케팅 전문가를 초빙하여 소비자층을 확대하자는 이사회

회의 결과로 CEO가 메리를 고용한 것이었다. 하지만 CFO와 소수 다른 고위 경영진은 이에 대해 회의적이었다. 그들은 마케팅 전문가가 없어도 지속적이고 빠른 속도로 회사가 확장되고 있다는 점을 지적하고 메리의 고용은 지출이 큰 (전혀 불필요한) 증원이라고 결론지었다. 그럼에도 메리가 와서 순익이 상승하는 것을 누구보다 보고 싶어 했던 사람은 다름 아닌 CFO였다.

메리가 처음으로 주도한 일은 POP 할인 쿠폰을 중심으로 소비자들에게 DM을 발송하는 프로젝트였다. 메리는 쿠폰 발행 3주가 지난 후부터 이 프로젝트의 결과를 보고하려고 준비를 했다. 당시 이 프로젝트는 4개월을 진행하기로 했고, 그 기간이 지나면 완벽한 결과를 산출할 수 있다고 예상되었다. 하지만 놀랍게도 이 프로젝트를 시작한 지 1개월밖에 지나지 않은 월요일 아침 간부회의에서 CFO는 새 프로젝트 건으로 메리를 몰아붙이며 일일 할인 세일즈 정보를 요구했다. 이 질문에 대한 답을 준비하지 못한 메리는 우왕좌왕하며 제대로된 결과를 보고하기에는 시기가 너무 이른 까닭을 설명했다. 예비적인 보고서를 준비하지 못한 상태에서 메리는 프로젝트의 진행 상황에 대해 수세적이고 불확실한 인상을 풍겼다. 이날 이후 메리에 대한 신뢰성이 심각하게 타격을 입었다. 설상가상 CEO는 메리에게 오후까지 자신의 책상에 보고서를 제출하라고 명령했다.

메리는 꽤 많은 지뢰를 밟은 셈이다. 메리는 회사로서는 처음이었던 독특한 프로젝트를 주도했기 때문에 CFO가 이에 대한 보고를 받고자 한 달을 기다렸다는 사실은 꿈에도 생각하지 못했다. 모든 관리자는 갑자기 치러지는 쪽지 시험에 항상 대비하고 있어야 하고, 그런 강력한 지류와 관계를 구축하는 것이 얼마나 중요한지 메리는 생각을 하지 못했다. CFO는 처음부터 메리에게 총구를 겨누고 있었고, '준비성'이라는 모토를 지키지 못하자 바로 공격에 들어가 고용하기 전에 문제점을 제기했던 자신의 태도를 분명하게 증명했다. 메리는 게다가 '간부회의에 보고서 없이 참가해서는 안 된다!'라는 제1규칙을 준수하지 않았기 때문에 취약한 입장에 서게 되었다. 메리는 이런 상황을 미리 준비했어야 했다.

그렇다면 지뢰를 밟지 않기 위해 메리가 어떻게 해야 했었는가? 우선 프로젝트에 대해 사전 정보를 제공하여 마치 동지라고 느끼도록 CFO를 자신의 편으로 만들었어야 했다. 또한, 기대에 부응하여 회사에 수익을 가져다주려면 3개월이 필요한 이유를 미리 설명하여 지지를 얻었어야 했다. 메리는 우리가 내부 세력inside sell이라고 부르는 즉, 회사 내에서 자신을 신임하는 핵심적인 팀의 지지를 놓쳤다. 직속 상사들에 대해서만이 아니라 숨어 있는 지류들에 대해 이런 단계적인 작업을 해 나가는 것이 핵심인 셈인데, 이를 회사에서의 대인관계 프로젝트라고 생각하자.

CFO의 지지를 성공적으로 얻어낸 다른 상황을 살펴보면, 엘런 코노코Ellen Konoko는 미니애폴리스Minneapolis의 어린이 장난감 소매업체 키드코KidCo의 마케팅 담당 수석 부사장으로 새롭게 고용되었다. CFO인 해리엇 린드Harriet Lind는 엘런이 기획한 마케팅 프로젝트를 진행하는 데에 터무니없이 부족하고 비현실적인 부서 예산을 편성했다. 그러자 엘런은 과감하게 보고서로 맞섰다. 이를 통해 엘런은 해리엇에게 새로운 점포 오픈에 집중하고 있던 실무팀의 예산을 조정하여 자신이 좀더 공격적인 마케팅을 할 수 있도록 재편성해 달라고 요청했다. 이야기를 들은 해리엇은 실무팀은 분기별로 새로운 점포들을 오픈하고 있기 때문에 따로 떼어줄 돈은커녕 이미 예산을 초과한 비용이 들어가고 있다고 설명했다.

엘런은 불충분한 자금 상황을 담담하게 받아들일 수밖에 없었다. 하지만 이 때문에 엘런이 자신을 위해 돈을 재할당하는 데에 해리엇에게 그 이상 아무 말도 하지 않은 것은 아니었다. 엘런은 예산이 허락하는 한 회사 외부에 작은 마케팅팀을 구성하고 파일럿 프로젝트pilot project를 실행하여 즉각적인 성과를 내는데 열을 올렸다. 파일럿 프로젝트가 실효를 거두자 성공적인 결과는 물론 이러한 것들이 회사를 위해 어떻게 더 큰 수입을 가져다줄 수 있는지를 확장하고 해석하는 구체적인 사업계획을 만들어 제시했다.

사업계획과 파일럿 프로젝트의 성공을 갖고 엘런은 새로운 프로젝트를 위해 필요한 확대된 예산을 짜보고 이를 조직 내의 다른 사람들에게 이야기하기 전에 해리엇에게 먼저 제안했다. 해리엇은 엘런의 적극적인 자세는 물론 CEO가 보기 전에 자신에게 이를 검토할 기회를 먼저 주었다는 사실에 큰 감명을 받았다. 한껏 고무된 해리엇은 마케팅을 위한 추가 자금 지원을 약속했다. 이는 엘런에게 있어서 해트트릭이나 다름없었다. 늘어난 예산을 가지고 마케팅 작업은 성공적인 결과를 보게 되었고, 사내에서 엘런의 주가는 상승하고, 이제 강력한 동맹자를 자신의 편으로 끌어들이게 되었다.

조직과 이익 그리고 한계

조직 내 모든 간부들이 행하는 기능 중 인사팀에는 회사의 가장 깊숙한 비밀이 숨어 있다. 물론 인사팀 간부들은 자신들이 아는 정보 대부분에 대해 입을 다물고 있지만, 그들은 조직 내부의 미세 혈관에 대해서도 속속들이 아는 사람들이다. 사람들은 흔히 인사팀을 조직의 흐름을 방해하는 관료적 빙산으로 간주한다. 많은 점에서 그런 시각은 옳다. 사실 인사팀은 그런 목적으로 만들어지기도 했다. 하지만 인사팀이 더는 단순히 회사의 경찰력으로서 고용한 직원들의 기능이나 활동을 감시하지는 않는다. 21세기인 오늘날 인사팀은 법무팀과 함께 모든 사람들의 업무를 조심스럽게 할당하여 분쟁 소송의 위험으로부터 회사를 보호하는 책임을 지고 있다. 조직의 핵심 부서인 인사팀은 또한 회사의 가치를 지키는 기수라는 책임도 지고 있다. 어떤 회사에서는 인사팀 최고 담당자가 최고 경영진에 속하기도 한다.

하지만 유감스럽게도 대부분의 관리자나 경영자들은 인사팀의 영향력과 힘을 과소평가하는 경향이 있다. 그러나 인사팀은 고용, 해고, 평판 조사, 훈련, 회사 연혁 그리고 이전과 현재의 업무 절차를 통해 당신을 도울 수 있는 권한을 갖고 있다. 이 때문에 당신이 할 수 있는 가장 현명한 일 중 하나는 그 부서에서 일하는 사람들과 우호관계를 형성하여 동맹을 맺도록 노력하는 것이다. 인사팀이 가진 자산을 이용하는 방법을 깨우친다면 자신이 회사의 어느 위치에 있더라도 엄청난 지지를 받게 된다.

물론 여기서도 조심해야 할 점이 있다. 만약 그들과 충돌하면 그들은 즉각 당신을 회사에서 떠나게 할 수도 있다. 예를 들어, 관료적 문서작업과 쳇바퀴를 돌리듯 같은 업무처리 때문에 인사팀의 절차를 교묘히 회피할 정도로 불만이 생겼다면, 이는 자신의 등에 '나를 해고 하세요'라는 쪽지를 붙이고 다니는 것이나 마찬가지이다.

밥 노이스Bob Noyes의 예를 살펴보자. 밥은 빠르게 성장하는 뉴햄프셔New Hampshire에 근거를 둔 유기농식품 물류업체인 코블스톤팜사Cobbleston Frams의 이스트 코스트 물류센터 책임자였다. 코블스톤팜사의 핵심 이미지는 '언제나 최고의 성실함을 담아 고객을 의해 봉사한다'라는 문구로 잘 알려졌다. 늘어나는 전국적인 물류 수요에 부응하여 이사회는 웨스트 코스트에 두 번째 물류센터를 설립하기로 했다. 이에 따라 밥은 미국 전역의 물류를 담당하는 부사장으로 승진하여 양쪽 물류센터를 책임지기로 되어 있었다. 그런데 문제가 생겼다. 양쪽 물류센터를 각각 이끌 새로운 책임자들을 고용하기 전까지 밥의 승진발령이 보류되었다. 그전까지 밥은 양쪽 센터를 직접 감독하면서 자신이 맡은 현재의 일까지 계속해야 했다.

밥 노이스는 인사 담당 부사장인 베시 블레인Betsy Blaine과 양쪽 센터를 맡을 후보자를 찾고자 업무내용 설명서를 만들고 헤드헌터회사와 연락을 취하는 등 직접적인 협력 하에 일을 했다. 예상보다 빨리 그들은 스티븐 링크Stephen Link를 이스트 코스트의 물류센터 관리자로 고용했다. 링크는 이전 동료였던 필 카슨Phil Carsen을 웨스트 코스트 담당자로 추천했다. 밥은 업무가 신속하게 진행되는 것에 기뻐하면서 그다음 주에 카슨을 면담했다. 회사의 모든 사람들이 카슨을 마음에 들어 했기에 밥은 재빨리 해당 자리를 제안하고 싶어 했다. 하지만 베시 블레인은 일반적인 고용 관례를 따라야 하며 헤드헌팅사에 평판 조사를 의뢰해야 한다고 주장했다.

이틀 후, 블레인은 자신의 사무실에서 익명의 누군가로부터 "카슨은 좋은 선택이 아니다"라는 전화를 받았다. 블레인은 당연히 깜짝 놀라 헤드헌팅사에 전화를 걸어 평판 조사의 결과에 대해 물었다. 그들의 대답은 미묘했다. 카슨에 대해 부정적인 말을 하는 사람들은 없지만, 완전히 긍정적인 대답을 하는 사람도 없다는 것이었다. 블레인은 이 소식을 밥에게 전하고 카슨을 고용하는 것이 걱정스럽다는 의견을 표명했다. 밥은 이런 정보를 무시하고, 익명의 제보자는 불만을 품은 이전 직원일 것이라고 주장했다. 블레인은 링크가 카슨을 추천했으니 링크와 함께 이 일을 논의해 보자고 제안했다. 이들의 방문에 링크는 약간 당황해 하며 카슨의 과거에 사소한 문제가 있었다는 점을 인정했다. 카슨이 한 번은 성희롱 혐의로 고소를 당한 적이 있었는데, 증명된 사항이 없었다고 했다. 그리고 그 외에는 아무것도 없다고 말했다.

헤드헌팅사는 성희롱 고발 사건이 있었던 일을 확인했지만 사태가 완전히 해결되었느냐는 질문에 대해서는 분명한 대답을 하지 못했다. 이런 사실을 알게 된 블레인은 밥에게 좀더 철저하게 조사를 하지 않고서는 채용 건을 지지하지 못하겠다고 말했다. 밥도 물러서지 않았다. 밥 자신은 카슨의 자격과 전문성에 큰 인상을 받았으며 또한 그를 당장 필요로 했다! 밥은 블레인을 압박하여 해당 자리를 제안하도록 했다.

코너에 몰린 블레인은 결정을 내려야 했다. 아무리 카슨이 소송에서 무죄로 판명되었다고 하더라도 코블스톤팜의 가치와 대외적 인상은 위협받게 되리라 블레인은 생각했다. 그런 생각에 따라 블레인은 자신을 후원하는 CEO에게 직접 의견을 전했다. CEO는 밥이 처한 다급한 상황을 이해하지 못하는 것은 아니었지만 회사의 이미지에 상처를 주게 된다는 블레인의 논리와 걱정에 손을 들어주었다. 결국 카슨은 고용되지 못했다. 밥은 코블스톤팜사에 남아 있을 수는 있었지만, CEO는 그의 판단을 더는 신용하지 않았다. 이후 밥에게는 좋은 자리가 주어지지 않았다.

이처럼 인사팀의 영향력과 성실지수를 경시하거나 무시하는 관리자들은 살얼음판을 걷는 것이나 마찬가지이다. 관리자들은 인사팀이 자신들을 후원하고 있다는 점에는 주의를 기울이지 못하며 종종 공석을 빨리 채우고자 그들의 권리를 무시하거나 짓밟는 경향이 있다. 하지만 이는 큰 실수이다. 자신의 직속 상사들은 고용이 문제시될 때 수단을 정당화하려고 목적을 가리지 않지만 인사팀은 좀더 고상한 동기가 있다. 즉, 회사의 법적 지위와 세간의 궁극적인 평판을 지키고자 하며, 믿거나 말거나지만 바로 당신을 지키고자 한다.

관료적 명령에 복종해야 하는 상황이 실망스럽더라도 인사팀과는 진심에서 우러나온 열린 대화를 유지하려고 노력해야 한다. 인사팀 간부들은 탄광의 카나리아라고 말할 수 있다. 이쪽에서는 가는 소리로 지저귀지만, 저쪽에서는 뜻밖에 침묵한다. 우호적인 인사팀 직원들은 팀 전체나 혹은 당신에게 도움이 될지도 모를 다가올 사태에 대해 미리 주의를 환기시킨다.

ABC 방송국에 있을 때 에이미 코플란은 인사 부문 책임자인 빌 윌킨슨Bill Wilkinson을 종종 방문하곤 했다. 그들은 여러 해 동안 우정을 지속해왔다. 어느 여름 빌의 조카가 인턴십을 받아야 했을 때, 에이미가 자신의 부서에 자리를 마련해주었다. 이후 빌은 에이미가 ABC와 퇴직금 문제를 두고 협상을 벌이고 있을 때 중요한 전략적 조언을 해주었다.

CBS에 입사한 지 얼마 되지 않아 낸시 C. 위드만이 인사팀으로 부서 이동을 했을 때, 회사 인사팀 내에서 보상팀을 이끈 흔치 않은 경영자인 조안 쇼월터Joan Showalter와 협력하면서 좋은 친구 사이가 되었다. 이러한 동맹은 두 사람이 CBS에서 중역으로 승진했을 때에도 계속되었다. 조안은 혼란한 시기에 회사를 이끌었으며, 낸시를 도와 라디오 방송국에 영향을 끼쳤던 많은 위기를 조정하도록 했다. 조안은 의미 있고 소중한 지원군이었다.

다음은 인사팀과 좋은 관계를 유지하게 하는 몇 가지 충고이다. 지나치게 많은 인사팀 직원들은 코끼리와 같은 기억력을 가지고 있다. 당신이 규정을 대충 지나쳐야 하는 필요가 있을 때, 그들의 지지를 얻기 전까지 인사팀은 여러분 편에 서지 않는 경향이 있다.

동맹관계를 강력하게 유지하고 자신을 위해 이를 이용하려면 다음과 같은 것들을 행해서는 안 된다.

1. 인사팀 직원들을 출세한 비서나 잔심부름꾼으로 대해서는 안 된다.
2. 인사팀으로 하여금 승인된 목록을 먼저 검토하게 하지 않고 자신이 아는 헤드헌팅사에 의뢰해서는 안 된다.
3. 급여 인상이나 승진문제를 두고 인사팀에 다른 유사한 경우와 일관된 것인지 아닌지를 확실하게 문의하지 않고 팀원들에게 약속해서는 안 된다.
4. 직원과 생긴 업무 문제 때문에 자신이 인사팀에 요청한 회의에 불참해서는 안 된다.

5. 사람들 앞에서 자신과는 관계없다는 듯 정치적으로 부정확한 갈을 늘어놓은 후, 이러한 말실수에 대해서 "다들 내가 농담한 줄 알고 있었을 거야"라고 발뺌해서는 안 된다.

6. 업무 평가, 보너스 지급, 급여 인상, 충원 의뢰 마감일을 어겨서는 안 된다.

7. "사사건건 서류로 제출해 달라고 하면, 아무것도 할 수가 없잖아!"라며 큰 소리 내서는 안 된다.

8. 자신이 담당한 부서에 공석이 생겼을 때, 그 자리에 더한 업무 설명서 작성을 인사팀의 소관이라고 말해서는 안 된다.

9. 공석을 채울 후보자와의 면담 일정이 잡혔을 때, 사무실을 비워서는 안 된다.

10. 보상 문제를 두고 비밀 정보를 문의해서는 안 된다.

조정자들을 대하는 법

자신이 CEO라고 생각해보자. 여러분은 자신이 고용한 변호사들이 어떤 일이 있더라도 조직의 이해와 자산을 보호해주길 기대한다. 분명히 그들은 여러분이 지난 한 허 동안 작업해왔던 1천만 달러짜리 계약을 성사시키기를 원한다. 하지간 1천만 달러짜리 계약을 통해 회사가 2천만 달러의 부채를 떠안게 된다는 예상이 나온다면, 변호사들은 계약을 막으려 할 것이다. 이런 일은 비즈니스계에서는 숱하게 일어난다. 만약 상대적으로 낮은 위치에 있는 관리자로서 까다로운 협상을 진행 중인 당신이 이런 법률가들과 긍정적인 관계를 맺고 있다면, 그들로부터 당신은 협상을 끝낼 수 있도록 장애물을 제거하는 별도의 수고를 해주는 기회까지 얻을 수 있다.

사베인 옥슬리 법안Sarbanes-Oxley, 미증권거래위원회SEC, 미국세청IRS, 식품의약국FDA 및 다른 규제 기관들 그리고 뚫기 어려운 보안과 단속이 발전해 있는 이 시대에 회사의 변호사는 그 어느 때보다 막강한 권한이 있으며, 대개 CEO, CFO와 다른 중역들에 대한 직접적인 접근 권한과 영향력을 가지고 있다.[17] 성공적인 중역들은 언제, 어느 지점에서 법무팀에 의존해야 할지를 잘 알고 있다. 회사의 자산이나 명성이 문제가 되는 한, 법무팀은 적의 공격을 물리치는 데 필요한 무기를 준비할 것이다. 자기 자신이 힘이 있는 존재라고 느껴지더라도 그들의 활동을 방해해서는 안 된다. 그들을 기만하려 해서도 안 된다. 레이더를 피해 몰래 계약을 처리하려고 생각해서는 더욱 안 된다. 혼자서 어떻게든 해보려고 하는 것은 자신을 무방비상태에 몰아넣는 셈이다.

뉴저지의 에디슨Edison에 본부를 둔 라탐매니지먼트그룹Latham Management Group은 행사진행 전문업체로서 지난 10년 동안 업계 1위를 줄곧 차지해 왔다. 라탐사에는 애틀랜타 올림픽, 플러싱 메도우즈Flushing Meadows에서 열린 US 테니스 오픈, 뉴욕 패션 위크를 포함해 현지 행사 진행과 대규모 세일즈 미팅 그리고 독특한 이벤트를 기획하고 관리해 달라는 의뢰가 종종 들어온다. 라탐사의 창립자이자 회장인 일렌 레프코비츠Ilene Lefkowitz는 최고의 세일즈팀을 고용하고 있었는데, 그들 대다수는 초창기부터 회사와 함께 한 인력들이었다.

---

17 Scott Green, *Sarbanes-Oxley and the Board of Directors* (Hoboken, NJ: John Wiley & Sons, 2005).

2004년 패션 위크에서 북동부 지역의 어시스턴트 세일즈 매니저인 폴린 파머Pauline Palmer는 법무팀 변호사인 빌 포드Bill Ford에게 방문 해도 좋겠냐고 물었다. 파머는 빌과 함께 서너 군데의 클라이언트 계약 건으로 함께 움직이고 있었다. 파머는 거의 7년이나 이 회사에서 근무하고 있었고 매우 충성스러운 직원이었다. 비공개적인 자리에서 파머는 라 탐의 회계 이사인 제이슨 마커스Jason Marcus가 회사를 그만드고 자신의 사업을 하려고 하는데, 자신에게도 참가하지 않겠느냐고 물었던 사실을 털어놓았다. 마커스는 만약 파머가 자신에게 독점 고객들과 자신이 접근할 수 없는 업무 정보를 넘긴다면 자신이 세울 새로운 회사의 파트너로 맞이하겠다고 제안했다.

파머는 당황하였다. 마커스와 함께 회사를 그만둘 생각도 없었을 뿐 더러 그를 도울 생각도 없었기 때문이었다. 하지만 누군가가 자신과 마 커스가 이야기를 나누었다는 사실을 알게 된다면, 그의 계획에 자신이 연루되었다는 오해를 살까 봐 겁이 났다고 했다. 빌 포드는 자신어게 찾 아와 이야기를 털어놓은 것이 다행이라며, 고문 변호사와 논의를 해보겠 다고 말해 주었다. 파머는 고문 변호사를 만나 모든 것을 얘기하고 이후 지침을 물었다. 법무팀은 바로 행동에 들어갔다. 그들은 파머에게 우선 은 퇴근하고 다음날 출근하지 말라고 조언했다.

20분 후 고문 변호사는 레프코비츠의 방을 찾아가 상황을 설명하고 도움을 청하려고 자신들을 찾아온 파머의 용기를 부각시켰다. 그런 후 그들은 다음 절차를 밟았다. 레프코비츠와 고문 변호사는 마커스를 찾아 가 추궁했고, 그는 자신의 계획을 인정했다. 고문 변호사는 아므 말 없 이 마커스를 건물 밖으로 데리고 나갔다. 이 일을 통해 돌린 파머는 일종의 영웅 대접을 받게 되었다.

앞서 우리는 인사팀과 좋은 관계를 맺는 데에는 때로 시간도 많이 걸리고 실망감을 맛볼 수도 있다고 말했다. 덧붙여 법무팀의 변호사와의 관계도 마찬가지인 경우가 많다. 때로는 거북이라고 해도 좋을 정도로 일하는 속도가 느리게 보인다. "검토하겠습니다. 검토하겠습니다." 화가 치밀어 계약 문서들을 창문 밖으로 던지기 일보 직전의 상황에 이를 때까지 변호사들은 계속해서 검토하겠다는 말을 내뱉는다. 이는 조심스럽게 계약을 미루는 처사라고 볼 수 있다. 또한, 회사의 변호사들은 너무 자주 해당 계약 건을 두고 계약 자체보다는 다른 쪽 변호사와 누가 더 뛰어난 변호사인가를 두고 싸우는 것처럼 보이기도 한다. 어떤 때에는 대체 어느 편을 위해 싸우는 것이냐고 회사의 변호사에게 묻는 자신을 발견하기도 한다.

여기서 회사의 변호사는 당신의 편에 서 있는 것은 아니라는 진실을 마주하게 된다. 그들은 회사 편에 서 있다. 이는 미묘하지만 매우 중요한 구분이다. 변호사들의 책무는 조직 자체와 관련되어 있다. 이런 점을 간과하는 사람들은 담벼락을 향해 저돌적으로 돌진하는 자신을 발견하기 마련이다.

자신이 맡은 계약 건으로 회사의 변호사를 몰아세워서는 절대로 안 된다. 변호사가 알아야 하는 특정 사실을 간과하거나 모른 척해서도 안 된다. 이것은 자폭을 이끌어내는 확실한 방법이다. 뭔가를 둘러대고 있다거나 혹은 뭔가를 숨기고 있다는 사실을 변호사가 느끼게 된다면, 변호사는 계약은 물론 당신의 활동, 업무진행(자주 일어나는 일이지만)이나 경력 자체를 가로막는다. 우리는 이처럼 자기 자신의 술책에 걸려 넘어지는 관리자들을 숱하게 보아왔다.

회사의 변호사들을 자기편으로 만드는 지름길

- 관련 업무 초기 단계에 변호사와 연락하여 다른 누가 아닌 자기 자신을 위해 그들의 전문성을 이용해야 한다. 자신이 담당하는 일이 무엇이든 상관없다. 그들은 그런 일들을 이미 수천 번이나 경험했다.
- 아무리 사소한 문제라도 법적인 문제와 관련 있는 사안을 그들에게 숨겨서는 안 된다.
- 절대로 눈가림을 해서는 안 된다. 사안의 완벽한 공개는 필수이다! 추후 문제의 소지가 있을 부분이나 함정은 물론 계약을 망칠 수 있는 요인과 협상 가능한 항목 혹은 자신의 위치에서 조금이라도 취약한 부분을 그들에게 제시할 때는 무조건 정직해야 한다.
- 충분하게 준비를 해야 한다. 예상되는 질문(특별히 받고 싶지 않은 질문)과 이에 대한 답변을 미리 준비해야 한다.

회사의 변호사들을 자신의 적으로 돌려세우는 길

변호사로 하여금 자신을 불신하게 하고 싶은가? 가능한 한 빨리 무방비 상태에 처하고 싶은가? 다음은 변호사에게 절대로 이야기해서는 안 되는 것들이다.

- 이런 사소한 문제를 가지고 허가를 받아야 한다고 생각하지 못했습니다.
- 내가 서류에 서명하지 않았다면 계약은 날아가 버렸을 겁니다.

- 이번 주말까지 정말로 중요한 계약 때문에 회사에서 뵙기 어려울 겁니다. 아마 연락이 잘 안 될 겁니다.
- 고위층이 이 문제가 해결되기를 정말로 바라고 있어요. 문제가 뭔지 이해가 안 되는군요.
- 이제 와서 뭔가를 바꾼다는 건 말이 안 돼요. 이미 늦었다고요.
- 그 사람 건드리면 안 돼요. 우리 회사의 최대 고객이라고요. 다른 방법은 없을까요?
- 지금 계약이 막바지라서 회의에 참석하기 어렵네요.
- 우리끼리니까 털어놓는 이야기인데……
- 언제나 해석의 여지는 있어요.

마음대로 휘젓고 다니는 권력자들

이른 아침부터 나타난 컨설턴트의 입에서 듣는 가장 두려운 말 중 하나는 "도울 일 없나요?"이다. 고위 경영진이 불러들인 컨설턴트들은 여러분과 함께 어떤 일을 하겠다는 의지는 말할 것도 없이 분명한 역할이나 목적이 있지 않다. 그래서 그들의 진정한 어젠다agenda를 추측하기란 당연히 어렵다. 고위 경영진이 불러들인 컨설턴트는 여러분이 생각할 수 있는 목적이나 어젠다를 가지고 있지 않기 때문에 우리는 이들은 '배회하는 지류rogue influents'라고 부른다. 로그rogue('마음대로 휘젓고 다닌다'의 뜻 – 옮긴이)라는 말은 예측할 수 없고, 보통의 통제를 넘어서 활동한다는 말이다. 따라서 이들을 가리키는 매우 적절한 단어라고 생각한다.

어떤 사람들은 컨설턴트들이 전략적이고 선의에서 나온 목표를 위해 일한다고 주장한다. 이는 때에 따라서는 맞는 말이다. 위기가 찾아왔을 때, 어떤 컨설턴트는 회사가 쓰러지지 않게 필요한 올바른 지식이나 정확한 제안을 할 수도 있다. 포토맥Potomac 강에 비행기가 추락했을 때 에어 플로리다를 도와 기자회견을 하는 위기관리 컨설턴트나 타이레놀Tylenol 리콜을 단행했을 때, 존슨 앤 존슨Johnson & Johnson을 도왔던 컨설턴트들을 생각해볼 수 있다. 컨설턴트들은 어떤 조직을 위해 긍정적인 영향을 주는 사람들로 생각할 수 있다. 특히 그들은 회사를 도와 변화를 계획하는 데 정통한 사람들이다. 회사의 요지에 배치된 관리자들은 부서를 개편하고 환경을 만들기가 어렵다. 이러한 상황에서 외부인인 컨설턴트들이 누리는 자유로움으로 하여금 내부인들이 감히 입 밖에 내기 어려운 문제들을 따질 수 있다.

하지만 그들은 객관성을 가장하여 자신의 명성에만 신경을 써서, 결국은 당신을 무방비상태로 모는 때도 부지기수이다.

인사 담당 임원으로 재직하고 있던 일레인 J. 아이젠만이게 회계와 다른 재무 서비스 과정을 재조정하고, 회계팀 전체의 기능을 평가하려고 CEO가 데려온 컨설턴트들을 감독하라는 업무를 줬다. CEO와 이사회는 CFO가 자신이 맡은 부서를 제대로 이끌고 있는지 심각한 걱정을 하고 있었기에 객관적인 전문가 이에 대한 해답을 줄 수 있으리라 생각했다.

큰 비용이 들어간 프로젝트가 끝났을 때, 컨설턴트들은 리더십 문제는 전혀 건드리지 않은 분석서와 함께 일레인에게 보고서를 제출했다. 일레인은 그들이 조사한 바에 대해 문제 제기를 했다. 확실하지 않은 상태에서 CFO에 대한 비판을 굳이 할 필요는 없었지만, 맨 윗자리에 있는 사람들을 포함하여 회사의 재무 프로세스에 대한 완벽한 검토를 주문받은 일레인으로서는 CFO에 대한 비판을 제기해도 무관하다고 생각했다. 하지만 컨설턴트들이 제출한 보고서에서는 CFO나 그의 사무실에서 일어나는 일들에 관해서 한마디도 찾아볼 수 없었다.

보고서에 대한 빈약한 합리화를 하다가, 마침내 수석 컨설턴트가 일레인에게 다음과 같은 사실을 털어놨다. 청구서에 서명을 하는 사람이 CFO이기 때문에 자신이 이끄는 컨설턴트팀이 그를 편안한 마음으로 비판할 수 없었다는 것이었다. 이 말을 들은 일레인은 어처구니가 없었다. 일레인은 이 컨설턴트에게 의뢰 계약서에 인쇄된 이름을 자세히 보라고 말했다. 거기에 적힌 이름은 CFO의 이름이 아니라 회사의 이름이었다. 일레인은 CFO가 이번 컨설팅 대금을 개인적으로 지급하지 않는 한, 객관적인 보고서가 나와야 한다는 분명한 뜻을 전했다. 약 1주일 후 새로운 보고서가 나왔다. 모두의 예상대로 이번 보고서는 CFO의 리더십과 사내에서의 역할에 대해 대단히 비판적이었다. 이 분석을 받아본 CEO와 이사회는 CFO에게 사직을 강요했다. 일레인은 컨설턴트들이 감춘 어젠다에 방심하지 않았다. 만약 컨설턴트의 잘못된 보고서를 그대로 받아들였다면, CFO의 자리가 아닌 일레인의 자리가 날아갔을지도 모른다.

모든 일에는 유비무환이 최고다. 자신의 상사가 컨설턴트를 데리고 무엇인가를 하려 할 때에는 각별한 주의를 할 필요가 있다. 분명히 말하지만 상사의 마음속에는 바꾸고 싶은 무엇인가가 있다. 이때 밝게 되는 지뢰는 단순히 조립라인 프로세스의 재설정 정도의 대수롭지 않은 것일 수도 있지만, 부서 전체가 통째로 날아갈 정도의 파괴력을 가지기도 한다.

정리하자면, 컨설턴트의 종류는 다음 세 가지이다.

1. "사장을 만족시키면 더 많은 계약을 따낸다" 이런 사람들은 바로 일레인의 에피소드에서 보았듯이 문제를 제기하는 객관적인 보고서보다는 돈줄이 되는 사람의 마음을 사로잡는 데에 더 관심이 많은 사람이다.

2. "내가 얼마나 천재적인지 봐라" 고위 경영진에게 직원들이 얼마나 무능한지를 보여주며 자신을 돋보이게 하려는 유형이다. 이런 컨설턴트는 오자마자 광범위한 조사에 몰두한다. 털어서 먼지가 안 나는 법이 없듯이, 마침내 몇 달 전 직원들이 발견했던 문제를 갖고 트집을 잡는다. 예를 들어, 당신의 팀원들은 지난 몇 달간 당신에게 프로모션을 확실히 하려면 영업 인력과 예산을 더 늘려야 한다고 볼멘소리를 해왔다. 그동안 경영진은 당신의 말을 들어주지 않았지만, 컨설턴트에게는 그게 갑자기 '좋은 생각'으로 받아들여지는 식이다.

3. 카니발의 바람잡이 이런 부류의 사람들은 조직에 들어와서는 자신을 고용한 사람에게 현실성이 떨어지는 약속을 해댄다. 그들은 자신들이 회사를 위해 시간, 돈, 노력을 절약하게 해주겠다고 주장하는데, 이런 약속들은 계속해서 반복되며 그 약속 내용 또한 더 커진다. 하지만 이행되는 사항은 거의 없다. 당신 자신에게 미칠 수 있는 위험성은 그들이 상사들에게 하는 약속의 희생양이 될 수 있다는 점이다. 만약 어떤 컨설턴트가 재무상의 문제점을 뜯어고치고

두 달 후에는 당신을 더 멋진 사람으로 보이게 하겠다고 주장한다면, 현실 점검(제4장 참고 - 옮긴이)을 준비해야 한다. 그러한 제안의 흠, 한계, 결점들을 찾아내어 자신과 자신이 이끄는 팀을 보호할 수 있어야 한다. 계획이 실패했음에도 컨설턴트가 그 계획 자체는 완벽했다고 말하게 하는 상황보다 최악은 없다. 왜냐하면 당신은 아무것도 이 상황을 대비해 제대로 준비해 놓은 것이 없기 때문이다.

한편 직속 상사가 당신에게 전화를 걸어 이제부터 회사에서 일하게 될 컨설턴트를 소개하려고 하니 자신의 사무실로 오라는 말을 하거나 혹은 직접 컨설턴트를 뒤에 데리고 사무실 문 앞에 나타나는 경우가 있다. 그가 왜 나타났는지 그 이유를 컨설턴트의 입을 통해 들을 수 있으리라 기대하는 것은 너무 순진한 생각으로, 무방비상태에 처하지 않도록 그 암호를 해독하는 작업은 바로 당신 자신에게 달렸다. 이러한 과정은 다음과 같은 질문을 던지는 것으로부터 시작한다.

◎ CEO가 서너 개의 부서를 통합하려고 합니까?
◎ 직원 해고가 요구됩니까?
◎ 회사에 비용절감이 필요합니까?
◎ 아웃소싱이 필요한 업무가 있습니까?
◎ 회사에 새로운 세일즈 인센티브가 필요합니까?
◎ 합병의 가능성이 있습니까?
◎ 현재 진행 중인 감사가 있습니까?
◎ 월스트리트 분석가들의 입에서는 어떤 말들이 나오고 있습니까?

◎ 회사에 대해 업계 저널에서는 어떤 기사들이 나오고 있습니까?

◎ '돼지에게 립스틱을 바른들 돼지이다'(회사의 투명성 확보 - 옮긴이)
라는 문구를 회사 매각에 첫 단계로 표현하는 사람은 없습니까?

일단 이러한 질문들을 던지고 그에 대해 대답을 할 수 있다면 컨설턴트의 어젠다가 예전보다는 잘 보이게 되고, 결과적으로 비용을 들여 초대한 이 손님과의 관계에서 좀더 현명하게 대처할 수 있다.

당신의 후원자와 그렇지 않은 자

컨설턴트들과 관계를 맺는 데 내재하는 함정 중에서 가장 큰 것은 그들과 친하게 지내는 경우이다. 협동이나 상호존중 및 상호이해와 친구관계는 완전 별거의 문제이다. 실제로 컨설턴트와 맺은 절친한 관계 때문에 오히려 치명적인 결과를 맛볼 수 있다.

조 수아레즈 Joe Suarez는 한 메이저 신문사의 인사 담당 수석 부사장이었다. 그의 상사이자 발행인인 에드 존슨 Ed Johnson은 경영팀이 보유한 벤치 멤버의 힘을 형성하고 평가하는 업무를 컨설턴트와 함께 담당하라는 지시를 받았다. 수개월이 흐르는 과정에서 이 컨설턴트는 현재 직원들의 업무나 능력을 평가하고 새로운 인사 채용에 대한 정보를 제공하면서 자연스럽게 회사 조직의 일부가 되었다. 조와 컨설턴트는 점점더 많은 시간을 함께 하게 되었으며, 조는 이 컨설턴트를 친구이자 신뢰할 수 있는 사람으로 간주했다.

컨설팅 계약이 6개월째에 들어선 어느 날, 노동조합이 강력한 파업을 벌이겠다고 으름장을 놓았다. 에드 존슨은 경영팀이 이런 압력에 굴복하지나 않을까 걱정스러웠다. 에드 존슨은 팀의 핵심 멤버들이 이 긴장된 상황을 처리할 수 있는지 그리고 앞으로 닥칠 파업 중에 경영팀을 제대로 이끌 수 있을지를 확인하고자 고용한 컨설턴트를 만났다(조는 이 사실을 몰랐다). 조 수아레즈에 관한 얘기가 나오자, 컨설턴트는 조의 무른 성격이 걱정된다면서 이런 분위기에서 업무를 제대로 수행할 수 있는지 의문을 제기했다. 조는 뛰어난 리더이기는 하지만 극단의 대결 상황에는 그렇지 않다는 것이었다.

컨설턴트의 이러한 평가는 발행인의 걱정이 현실로 드러났다는 점을 확인해 주었지만, 확인 차원에서 다른 몇몇 이사들을 만나 생각을 물었다. 대부분의 이사들은 조를 존경하기는 하지만 노동조합과 대치해야 하는 현 상황에서는 신뢰할 수 없다고 말했다.

에드 존슨은 조에게 앞으로 팀의 일원으로 함께 갈 수 없다고 말하기가 껄끄러웠지만, 다른 선택이 없었다. 그리고 컨설턴트의 보고서를 해고의 주요 근거로 제시했다. 조는 컨설턴트에게 바로 쫓아갔다. 컨설턴트는 당황한 표정으로 조를 바라보며 말했다. "하지만 널 신뢰하긴 했었어. 넌 내 친구였잖아." 며칠 후에, 조의 자리를 이 컨설턴트가 차지했다.

이 이야기가 주는 의미는 무엇인가? 조는 많은 경영자가 컨설턴트를 대할 때 범하곤 하는 실수를 저질렀다. 그는 관계 설정을 잘못했다. 이 컨설턴트는 곤란한 상황을 대비하려고 발행인이 회사에 불러들인 사람이다. 그는 앞으로 일어날 파업에 대처할 수 있는 능력을 발행인에게 판매한 사람이다. 그는 직원들에 대한 세부적인 정보를 얻고자 조를 이용했다. 조는 난감한 상황에 부닥쳤을 때조차 컨설턴트에게 의지하고 그를 신뢰했다. 컨설턴트란 절대로 친구가 될 수 없는 존재이다. 그들은 고용된 청부업자이며, 비록 그들과 좋은 협력관계를 유지한 채 일을 마쳤다고 하더라도 그 이상 나가서는 안 된다.

우리는 의도적이든 불상사이든 혹은 무지로 말미암은 것이든 간에 그들이 동료를 쓰러뜨리는 모습을 수없이 보아왔다. 다행히도 만약 여러분이 이에 대한 준비를 철저히 한다면 '올 것이 오는 때'를 미리 예견할 수 있다. 아래는 컨설턴트와 함께 일할 시에 반드시 지켜나가야 할 우리만의 열두 가지 규칙이다.

1. 청구서에 누가 서명을 하는지 확인하라.
2. 할 얘기가 있으면 제3자를 통하지 말고 컨설턴트와 직접 대면하라.
3. 처음에는 열정을 담아 컨설턴트와 인사를 나누어라.
4. 협동이 필요한 때에는 언제나 모습을 보여라. 하지만 컨설턴트가 여러분에게 무엇을 말하고 행동하든 간에 인내심을 잃어서는 안 된다.
5. 팀원의 능력에 관해 자신이 생각하는 취약점이나 걱정하는 점을 인정해서는 안 된다.
6. 절대적으로 필요한 정보만을 공유하라.
7. 자신의 팀원들과 관계된 것이라면 팀원들에게 언제나 만반의 준비를 해놓도록 지시한다. 하지만 팀원들을 긴장시키거나 걱정을 시켜서는 안 된다. 위에 제시한 3, 4, 5, 6번의 항목을 그들에게 주지

시켜라.

8. 컨설턴트가 한 말이라 해도 근거 있는 충고를 무의식적으로 거부해서는 안 된다.

9. 자신이 가진 훌륭한 아이디어를 넘겨주지 마라.

10. 가능하다면 게임 초기에 예비적인 조사 결과를 보여 달라고 부탁하라.

11. 모든 과정에서 능동적으로 주도권을 쥐고 이를 놓아서는 안 된다.

12. 그들을 관리하라. 그들이 나를 관리하게 놔두어서는 안 된다.

모든 내용을 정리하자면, 살아남으려면 직원이든 외부에서 온 컨설턴트들이든 상관없이 자신이 몸담은 조직 내의 모든 숨어 있는 지류들을 관리하는 방법을 습득해야 한다는 것이 중요하다는 말이다. 가능하다면 손쉽게 그들이 맡은 바를 잘해낼 수 있도록 자신이 할 수 있는 일은 모두 해라. 고위 경영진의 귀를 장악한 사람이 있다면 그를 적대자로서가 아니라 자신의 팀원으로서 간주해야 한다. 그들은 자신들이 만들고 진행하는 모든 정책에서 당신에게 안전한 통로를 제공할 것이다. 때때로 자신이 맡은 작업에 필요한 예산을 확보하고자 할 때 좌절감을 느낄 수도 있지만, 궁극적으로는 인내심을 가져야 할 대상으로서가 아니라 전문가로서 그들을 인식해야 한다.

결국 조직 내의 강력한 지류들을 어떻게 관리하느냐가 성공의 관건이다. 그들은 단지 성공의 대차대조표에 올려 계산할 숫자놀음의 패들이 아니라 자신을 지지하고 자신의 세력 기반으로서 역할을 할 사람들이다. 직속관계의 직원들이나 참모들 사이에서 자신의 지지 기반이 넓어지면 넓어질수록 상황은 점점 더 좋아진다. 회사의 모든 수준에서 동맹을 만들려고 끊임없이 노력해야 한다. 분명히 관계라는 자본에 투자한 보람을 느낄 때가 온다.

 **체크 포인트**

1. 보이지 않게 흐르는 지류들은 회사 권력의 비밀스러운 원천이다.

2. 상부와 직접적인 라인으로 연결된 간부들은 고위 경영진이 당신을 어떻게 인식하느냐에 영향을 끼친다.

3. CFO를 언제나 자신의 편으로 끌어들여야 한다.

4. 보고서 없이 회의에 참석해서는 안 되며, 쪽지 시험에 항상 대비하라.

5. 인사팀과는 강력한 연대를 맺어라.

6. 회사의 변호사에게 계약을 속이려고 해서는 안 된다.

7. 누가 어젠다를 세우고 컨설턴트들에게 줄 수표에 누가 서명할 것인지를 결정하라.

8. 컨설턴트들은 비용을 들여 초대된 손님으로 생각하고, 친구 이상으로 대접하면 안 된다.

9 '왜 그걸 몰랐을까'가 오는 순간

이 책을 쓰면서 우리가 염두에 두었던 한 가지는 당신이 회사에서 무방비상태에 처하는 상황을 어떻게 하면 피하도록 도움을 줄 수 있을까 하는 문제였다. 지금까지 살펴본 여덟 개의 장에서 우리는 당신의 직위와 경력이 제 궤도에서 벗어날 수 있는 수많은 상황에 대해 논했다. 우리는 문제를 먼저 예견하고 가능한 한 그 악영향을 최소화하는 방법을 제시했다. 마지막 장에서 우리는 비록 해고 통지서를 받게 되더라도 머리를 꼿꼿이 들며 강력한 자기 통제 감각을 유지할 수 있게 해주는 안전한 게임 전략을 제공하고자 한다.

열 가지의 위험 신호와 감춰진 의미

위험 신호	감춰진 의미
1. 분쟁의 해결책을 들고 여러분을 '돕겠다'라는 코치가 초빙되어 온다.	경영진이 뭔가를 꾸미고 있다.
2. 흑자를 내자는 달성 불가능한 목표를 준다.	경영진이 자신을 밀어내려 하고 있다.
3. 세일즈팀에서 다른 업무팀으로 재배치된다.	고속 승진에서 탈락하였다.
4. 상사가 더 이상의 예산 지출을 승인하지 않는다.	힘을 잃었다.
5. 연례 총회에 초대받지 않았다.	경영진 내부에 자신의 미래를 위한 계획은 없다.
6. 자신이 알지 못하는 수많은 비공개회의가 갑자기 늘어났다.	더는 정보 공유의 고리에 속하지 않는다.
7. 경영진 사무실에서 못 보던 변호사들이 나타났다.	회사가 다른 회사를 인수하거나 매각된다.
8. 단기간에 수익을 내야 한다는 압력이 극도에 달한다.	회사가 매각 작업에 박차를 가하고 있다.
9. 예전의 적군이 회의에 참가하고 있다.	경영진의 인사이동이 있다.
10. 업계 동료로부터 받는 초대장의 내용이 "저녁 식사를 하자"에서 "커피 한 잔 하자"로 바뀐다.	힘을 잃어 버려서 이제 자신의 가치는 스테이크 한 접시 값도 안 된다는 소식을 동료가 들었다.

위험 신호와 그 진정한 의미

우리는 말 그대로 수많은 공식, 비공식 조사를 수행했으며 비즈니스 각계각층의 다양한 관리자들과 인터뷰를 했다. 이런 연구를 수행하는 과정에서 우리는 회사 내에 커다란 변화가 진행 중이며 이에 따라 당신이 무방비상태에 처할 가능성도 커지는 열 가지의 위험 신호를 골라냈다. 이중 어떤 것(임박한 합병이나 매각)은 누구나 알기 쉬운 신호이다. 이에 반해 그 움직임이 미약해 읽어내기가 좀더 어려운 것도 있다. 반면 거의 미동도 하지 않아 다른 움직임들과 결합시켜 해석해내야 하는 일도 있으며, 지표면 아래에 숨어 있어 문제라고 결코 인식할 수 없는 일도 있다.

물론 모든 위험 신호들이 당신이 곧 해고당할지도 모른다는 것을 의미하는 것은 아니다. 하지만 위험 신호들은 당신이 의도하지 않았던 경력의 몰락을 가리키는 강한 신호이고, 앞에서 제시한 표는 열 가지의 위험 신호와 감춰진 의미를 보여주고 있다.

사람들이 이러한 신호들을 얼마나 쉽게 간과하는지를 보여주고자, 전 세계의 모든 비즈니스에 정통하면서도 완전 무방비상태에 처했던 유명한 경영자 두 명의 이야기를 살펴보겠다(그들의 요청에 의례 이름과 회사명은 바꾸었다). 이 두 명의 경영자는 현재 새로운 직장에 별 무리 없이 정착했지만, 이 책을 읽고 당신이 알게 된 사항들을 미리 알았다면 그들의 인생은 지금보다는 훨씬 더 쉽게 풀렸을 것이다.

새 로 운 코 치 를 만 나 봐 라

소비재를 생산하는 회사의 영업팀 팀장이었던 앨리스 사바티니Alice

Sabatini의 이야기부터 시작하자. 앨리스는 자신의 상사인 모이라 설리번 Moira Sullivan에게 자신이 이끄는 영업팀을 매일같이 방어하기 바빴다. 매 분기별로 과거 실적들을 초과달성했음에도 상사는 끊임없이 앨리스를 몰아붙였고 회의에서도 말을 가로막곤 했다. 앨리스와 설리반의 성격은 완전히 달랐고, 둘은 계속해서 충돌했다. 앨리스는 세부사항, 관련 이야기 그리고 긴 설명이 자세하게 붙은 방식을 선호했다. 모이라는 직선적인 사고를 선호했으며, 매우 분석적이었고, 계산된 결과에 더 관심이 많았기 때문에 앨리스의 산만한 스타일을 참을 수 없었다. 다른 말로 하면 결론은 뛰어났으나, 골인 지점에 도달하기까지의 과정이 너무 길었다. 게다가 모이라는 회사의 회장과 앨리스의 직접적인 관계를 불편해 했는데, 앨리스는 회장이 몇 개월 전에 큰 기대를 걸고 경쟁사로부터 스카우트해 온 인물이었다.

5개월간의 껄끄러운 관계가 지속한 후, 모이라는 자신이 '프레젠테이션 도전'이라고 부르는 사안을 위해 앨리스와 협력하도록 전문 코치를 영입했다. 모이라는 이사회에 전문 코치를 참석시킨다면 매일같이 벌어지는 말싸움을 피하는데 도움이 될 것이라고 제안했다. 앨리스도 이에 동의했다. 개인 코치를 얻고 이사회를 안정적으로 운영할 기회였기 때문이었다. 코치는 앨리스에게 집중적으로 주의해야 할 세 가지 영역을 제시했고, 모이라도 이 프로그램에 서명을 했다. 앨리스는 매주 코치를 만났고 자신의 상사와 빚어지는 문제가 점점 개선되고 있다고 확신했다. 그런데 4개월 후에 어떤 논의도 없이 모이라는 앨리스를 해고했다. 이유는 코치의 여러 가지 조언에도 앨리스가 업무를 유지할 수 없을 만큼 나아지지 않았다는 것이었다.

앨리스는 이런 상황을 예견했을까? 답은 그럴 수도 있고 그렇지 않을 수도 있다. 누군가의 성격 문제를 해결하려고 전문 코치를 영입했다는 것은 때로 경영진이 그 사람을 해고한다는 신호로 받아들여진다. 전문 코치의 영입은 경영진이 문제를 해결하고자 온갖 노력을 했다는 점을 인사팀에 보이기 위한 수단일 뿐이다. 반면 급속한 사업 확장을 보조하려고 혹은 리더십, 대표선정, 팀워크와 같은 비즈니스 기술을 형성하고자 영입된 전문 코치는 그 관리자의 가능성에 경영진이 신뢰를 보내고 있다는 뜻이다. 이러한 차이를 구분할 수 있다면 무방비상태에 처할 일은 없다.

뒤 를 봐 주 겠 다

루이스 번스타인Lewis Bernstein은 경력 관리 컨설팅 회사의 임원이었다. 그는 11년간 부사장으로 일해 왔으며, 3년간 회사의 노스이스트 지점에서 실적 2위의 영업 실력을 보여 왔다. 그런데 CEO가 어느 날 갑자기 최대 경쟁사 중 한 곳과 회사 매각 작업이 진행 중이라고 발표했다. 이런 소식을 들었지만 루이스는 아랑곳하지 않았다. 업계에서의 평판도 견고했고 뛰어난 고객 리스트도 보유하고 있었기 때문이다. CEO는 양쪽 조직의 통합 작업을 계획하며 회사에 남기로 했고, 이에 따라 반대쪽 회사의 조직과 접촉할 믿음직한 부관이 필요했다. 그는 루이스를 영업팀에서 빼내어 운영팀에 집어넣었다. CEO는 루이스에게 일시적인 이동일 뿐이며 새로운 경영진과 완벽하게 결합하면 자리를 신경 써주겠다며 안심시켰다.

3개월 후 협상이 끝났고, 경영진 명단이 발표되었다. 다섯 명의 이사가 포함되었지만 루이스의 이름은 어디에도 없었다. 루이스는 즉시 CEO를 찾아가 자신이 원래 있었던 곳으로 돌아가고 싶다고 말했다. 하지만 CEO는 합병 과도기에 힘을 써준 것에 대해서는 감사하게 생각하지만, 인사이동을 시킬 힘은 자신에게 없다고 대답했다.

루이스가 간과한 위험 신호는 무엇일까? 첫째, 합병에 처한 회사에는 권력이동이 불가피하며, 대부분은 매수한 회사가 우위를 선점하고 있다. "뒤를 봐 주겠다"라는 어떤 보증도 무의미하므로 이런 말은 주의 깊게 받아들여야 한다. 둘째, 루이스가 영업팀에서 운영팀으로의 이동을 동의했을 때, 그는 회사에서 구가했던 자신의 존재감을 포기하고 일선에서 물러난 것이었다. 마지막으로 루이스는 충성이라는 요소를 오판했다. 11년간 회사를 위해 한결같이 복무한 점을 포함하여 합병의 과도기에 힘썼던 탓에 자신이 새로운 중역 자리를 차지할 수 있는 확실한 후보자라고 여겼다. 하지만 루이스는 회사의 소유주가 바뀐다는 소식을 들었을 때 바로 자신의 탈출 전략을 발동했어야 했다.

마지막 날까지 권력을 행사하라

얼마나 꼼꼼하게 준비를 했다고 해도, 해고 통지서가 전달되는 날은 가장 가슴 쓰라린 날이 아닐 수 없다. 마지막 날이 당신의 인생에서 가장 좋은 날이라고는 절대로 말할 수 없지만, 아무 말 없이 조용히 뒷문으로 슬며시 빠져나가겠다는 생각은 안 하는 것이 좋다. 제일 먼저 누구에게 전화를 해야 할지, 무슨 말을 해야 할지, 조직 내부는 물론 외부에서 자신의 평판을 어떻게 관리해야 할지, 자신이 가진 선택지는 무엇인지와 같은 세부적인 사항들을 체크하면서 마음을 안정시키는 것이 중요하다. 이는 상당히 논리적인 대처이다. 그러나 이 점을 명심하라. 아직도 당신에게는 자신이 상상하는 이상으로 엄청난 힘과 수많은 선택권이 주어져 있다.

그렇다면 그러한 힘과 선택은 어디에서 유래하는가? 이 점을 생각해 보자. 사장은 불안하다. 경영진은 당신이 아무 말 없이 빨리 회사를 떠나주기를 바란다. 당신이 계속 회사에 남아 모습을 내보이고 있다면 맡았던 부서나 혹은 더 나아가 전체 회사의 사기 문제에 악영향을 끼칠 수 있기 때문이다. 말은 빠르게 퍼지는 법이다. 당신이 담당했던 팀의 충성스런 부하들은 갑자기 그동안 차지했던 회사 내의 지위에 대해 의문을 던지고 다음 차례는 자신이 아닌가 의심을 하기 시작한다. 이런 일이 일어난다면 걱정의 수준은 그 정도를 더해가며 생산성과 사기가 떨어지게 마련이다.

회사 또한 자신의 사업을 하나의 전체적인 맥락에서 그려해야 한다. 미디어가 모든 분야를 좌지우지하는 오늘날의 세계에서 이미지가 최고의 관건이며 어느 누구도 부정적인 기사를 받아보기 원하지 않는다. 자신이 차지하는 직위가 높으면 높을수록 미디어와 월스트리트의 분석가는 그가 왜 회사를 떠나야 하는지에 대해 관심이 더 많다. 당신이 회사 문밖으로 나와서 하는 얘기는 이제 곧 옛날의 사장이 되는 사람에게는 재정적으로 커다란 함의含意를 가진다. 이에 더해 만약 당신이 비교적 고위 관리자였다면 회사로서는 이번 해고로 말미암아 고객, 소비자 그리고 궁극적으로 손익에 미치게 될 영향들이 심각한(당연히 그럴 수 있다) 걱정거리로 다가올 수 있다.

다시 말해 회사는 당신이 문제를 일으키지 않고 재빨리 떠나주기를 바란다. 바로 이러한 점에서 볼 때 그들의 동요를 이용하여 당신이 원하는 협상 테이블로 불러들이는 완벽한 기회를 얻는다. 어떤 의미에서는 그들이 원하는 장소에 알아서 데려다 놓은 꼴이 된다. 자신이 경영진의 말단에 속해 있었느냐 혹은 최고 경영진에 속해 있었느냐의 문제와는 상관없이 당신에게는 협상에서 우위에 설 수 있는 권한을 준다. 이 힘을 포기해서는 안 된다. 만약 고용 계약서를 가지고 있다면, 계약 파기에 관한 조항이 있을 것이다. 그렇지 않다고 해도 자신의 힘을 과시해볼 기회는 남아 있다. 굴복할 필요가 없다! 회사는 당신이 요구하는 것 모두를 들어주지는 않을 테지만, 가능한 많은 것을 얻고자 도전해야 한다.

아래는 회사에 자신이 원하는 것을 요구할 때 필요한 제안과 그 제안에 힘을 실어주는 요소들이다. 이것들을 통해 당신은 적어도 난처한 상황 속에서도 안정감과 자기 통제 감각을 얻을 수 있다. 회사마다 다르기는 하지만, 직속 상사와 협상을 하는 것이 좋다. 저항에 부딪히거나 자신이 원하는 것 중 아무것도 얻지 못했다면, 인사팀을 찾아가 논의를 계속해야 한다. 만약 당신이 인사팀과 강한 연대를 형성해야 한다고 우리가 제8장에서 제시한 조언을 진지하게 받아들였다면, 누구와 얘기를 나눠야 할지는 잘 알고 있을 것이다. 여기서 주의해야 할 점은 아래와 같은 내용을 요청할 때 감정을 억누르고 침착해야 한다는 것이다.

◎더 많은 퇴직금과 의료보험 기간의 연장.

◎새로운 직장을 알선하는 서비스와 적어도 3개월 이상의 사무실 사

용 허용, 서류업무 보조 혜택.

◎ 스톡옵션 행사 기간의 연장.

◎ 앞으로 두서너 개월 간 컨설턴트로서의 채용계약이나 특정 프로젝트를 위한 조언자로서 단기계약 요구.

◎ 만약 개인 사업을 시작할 생각이라면, 첫 번째 고객이 되어달라는 요구.

마지막 날까지 살아남기

● 자신이 차지했던 의자를 즉각 포기하는 데에 동의해서는 안 된다 자신이 제안한 사항에 관한 협상이 타결될 때까지 매일 출근하겠다고 주장하라.

● 퇴직금 합의 문제는 전문 변호사에게 연락을 취하라 이때가 가장 의미 있게 돈을 쓰는 때이다. 이후 고용한 변호사가 내용을 검토하고 좋다고 말할 때까지 그들이 내미는 것에 서명해서는 안 된다.

● 겁먹지 마라 자신의 상사나 인사팀 혹은 다른 누군가가 여러분에게 어떤 근거를 들어 "이 날까지는"이라는 말을 한다고 서류에 서명을 할 필요가 없다. 사실 퇴직금 합의문은 협상을 요구하는 법률 서류들로서, 변호사가 합의문을 검토할 수 있도록 당신에게는 서명할 때까지 기간을 준다.

- 처음 제시되는 퇴직금을 받아들이지 마라 협상에는 언제나 여지가 있으며 동시에 회사는 언제나 자신보다 한 수 위다. 만약 회사의 변호사와 연락할 수 없다면, 자신이 직접 회사에 수정 제안을 제출하라. 밑져야 본전이다. 때에 따라서는 성공할 수도 있다.

- 자신이 이끌던 부서원들에게 상사가 다른 말을 하지 못하게 해라 다른 누군가가 자신이 이끌던 부서원들이나 직원에게 뭔가를 말하기 전에 그들과 공개적으로 대화할 시간을 달라고 주장하라.

- 회사 안팎에 보도자료를 제공하거나 발표하는 것에 대해 거부권을 확보하라 만약 문젯거리가 될 것이 전혀 없다면 자신의 상사나 인사팀에 다른 직장을 찾으려고 떠나는 것이라고 주장하라. 소란이 일어나지 않으면 더 좋다.

- 다른 사람 탓을 하지 말고 또한 가십거리가 되는 것을 피하라 누군가가 질문을 던졌을 때, 떠날 때가 왔다고만 말하라. 업계 바닥은 좁아서 언제 어디서 예전의 상사나 동료가 맞은 편 책상에 앉을 수 있다는 점을 명심하라.

- 끝까지 버텨내라! 언제나 침착하고 확신에 찬 모습을 보여주는 것이 최선이다. 시간을 내어 동료에게 작별 인사를 하라. 사람들이 자신을 어떻게 생각하느냐가 관건이다.

캐나다 소프트웨어 회사의 글로벌 게임 부서를 맡고 있던 브란트 누넌Brant Noonan의 예가 좋겠다. 브란트는 회사의 큰 방향 전환이 필요한 시점에서 이 부서를 맡아 지난 3년간 부서의 기능이 효율적으로 돌아가게 하였다. 그런데 브란트가 다음 회계년도에 필요한 예산을 준비하고 있을 때, 고위 경영진이 이윤을 늘이면서 자신의 부서를 축소하고자 하는 여러 가지 방안을 모색하고 있다는 사실을 알게 되었다. 회장은 브란트에게 앞으로 12개월간은 그의 자리에 아무 문제가 없을 것이라고 약속했다. 하지만 겨우 두 달 만에 브란트는 회장의 사무실로 불려 들어가 인사팀 책임자를 만나게 되었다. 그들은 이사회에서 의견을 나눈 고위 경영진이 가능한 한 재빨리 게임 부서를 없애고 브란트를 포함한 부서의 전 직원들을 해고하겠다는 결정을 내렸다고 말했다. 그들은 이미 다음 날 간부회의를 잡았고, 가능하면 빨리 언론에 이 소식을 공개하기로 했다.

브란트는 침착하게 대응했다. 그는 우선 무엇을 해야 할지를 잘 알고 있었다. 일단 정보 조작을 피하고 거짓이 없는 이야기를 풀어내려고, 그러한 소식을 팀원들에게 알리는 역할을 자신이 맡겠다고 주장했다. 브란트는 자신의 사무실로 돌아가 그 즉시 팀 내 관리자들에게 전화를 걸어 다음 날 아침 팀원 전원을 모아달라고 했다.

경영진은 브란트에게 소식을 전한지 하루도 지나지 않아, 퇴직금을 전했다. 하지만 브란트는 퇴직금을 받는 대신 다른 안을 제시했다. 우선 사측이 제시한 금액의 두 배를 퇴직금으로 요구했고, 컨설턴트로서 회사에 자신이 남아 있어야 할 많은 이유를 제시했다. 그는 자신이 있어야 현재에도 진행 중인 프로젝트를 효과적으로 마무리 짓고 마찰 없이 부서를 정리할 수 있다고 설명했다. 브란트는 자신이 옳했던 금액을 받아내지는 못했지만 처음 회사가 제공했던 것보다는 상당 금액이 더 얹어진 퇴직금을 받았으며, 부가적인 상여금은 물론 18개월 계약의 컨설턴트 자리도 얻어냈다.

브란트 누넌은 '왜 그걸 몰랐을까'의 상황이 오리라고는 예측하지 못했지만, 자신이 가진 힘을 완벽하게 인식하고 냉정하게 마지막 날에 대처하는 기지를 발휘했다. 회사는 그 분야의 사업을 중단됨 없이 그리고 신속하게 정리하기를 원했으며, 브란트는 이를 완벽하게 이용했다. 브란트는 우선 다른 사람이 팀원들에게 접근하기 전에 자신이 그들에게 직접 소식을 전하겠다고 주장함으로써 팀원들과 언론을 향한 정보의 통제권을 확보했다. 그리고 자신의 변호사와 상의한 후에 회사 측이 제시한 첫 번째 퇴직금을 거부하고 그 이상을 자신 있게 요구했다. 마지막 날을 맞이하여 브란트는 상황에 현명하게 대처했고, 자신의 커리어에 닥친 큰 변화를 미래를 향한 건실한 계획으로 탈바꿈시켰다.

4가지 생존 법칙

우리가 상담하는 고객들, 가르치는 학생들 그리고 우리에게 '올 것이 오고야 마는 상황'을 어떻게 하면 피할 수 있는가를 묻는 관리자들에게 언제나 얘기하는 네 가지 중요한 법칙이 있다. 당신을 위해 여기서 그 법칙들을 제시하겠다. 이 법칙들은 현명한 결정의 지침으로서 사용될 수 있으며, 누구든지 무방비상태에 처하는 상황을 피하는 데에 도움이 될 수 있다. 이 네 가지 법칙들은 모든 상황에 적용될 수 있지만 경력의 단계에 따라 특정 법칙이 다른 법칙보다 더 유효하다.

법칙 1: 문제는 돈이다

공기업이든 사기업이든 이윤을 추구하는 모든 회사는 돈을 벌어들이려고 존재한다. 그게 전부이다. 이러한 단순한 사실이 여러분에게 직간접적으로 영향을 끼친다. 단도직입적으로 말해서 돈이 여러분의 급여, 프로젝트에 투여해야 할 자원 그리고 참신한 재능을 지닌 슈퍼스타를 기용할 수 있을 것인지 아닌지에 큰 영향을 끼친다. 좀더 좋은 호텔에서 묵을 수 있을지, 일등석으로 출장을 다닐 수 있을지의 여부도 모두 돈이 결정한다. 그리고 궁극적으로 말해서 회사가 제대로 돌아가는지 아니면 파산을 하는지도 결국 돈의 문제다.

만약 여러분이 상품이나 서비스를 판매하는 경우에 자신의 활동이 순익에 얼마나 영향을 끼치는지 파악하기란 쉽다. 하지만 직접적인 물건 판매로부터 한두 발자국만 더 나아가면 문제는 그리 쉽지 않다. 회사에 대한 자신의 기여는 기술팀과 관계된 것일 수도 있고, 기획팀과 관계된 것일 수도 있으며, 행정적인 업무와 관련된 것일 수도 있다. 하지만 어떤 경우라고 할지라도 여러분의 활동은 결국 재정의 건강한 흐름과 관련된 중요한 요소이다.

돈은 연료이고 보급로이자 에너지이며 모든 회사가 살아있음을 보여주는 맥박이다. 일단 이러한 생각에 익숙해져 있다면 돈이 어떻게 흐르는지, 누가 이런 흐름을 만들어 내는지 그리고 이러한 회사의 도식에 어떻게 하면 자신을 맞추어 갈 수 있는지를 파악할 수 있다. 실적 보고서는 언제나 존재하며 모든 결정은 회사의 재정 상태에 의해 영향받는다는 사실을 이해하게 된다. 아침에 올라타는 엘리베이터 안에서 여러분은 직원들을 어떻게 관리할까, 어떻게 광고를 만들까, 어떻게 하면 좀더 확실한 스프레드시트를 개발할 수 있을까 혹은 어떻게 하면 새로 온 직원을 자신의 팀에 융합시킬 수 있을까를 고민한다. 바로 이때 돈 문제에서 눈을 떼어서는 안 되며, 그 문제가 자기 자신과 경력 그리고 회사의 성공에 얼마나 중요한지를 잊어서는 안 된다. 우리의 경험에 비추어봤을 때, 누군가가 "돈이 다가 아니잖아"라고 말할 때 이는 돈이 전부라는 사실을 의미한다.

법칙 2 : 회사에 공헌을 하라

흡수와 합병 그리고 비용절감과 구조개혁의 시대에서 어떻게 그리고 언제 회사에 공헌을 할 수 있는지가 무엇보다 중요하다. 무슨 공헌을 말하는 것일까? 이는 훨씬 간단한 이야기이다. 자기 경력의 여러 지점에서 그리고 지금 다니는 회사 내에서 다른 사람으로부터 지원을 해 달라 혹은 자신이 하고 싶지 않은 일을 주도적으로 이끌어 달라는 말을 듣게 될 수 있다. 자신이 원하는 대로 되지 않을 때가 찾아온다. 때로는 공헌을 한다 함은 주어진 상황의 결과를 받아들이는 것이기도 하다.

우리가 파악하기에는 진정한 지도력은 허심탄회하게 이러한 상황을 처리하는 것이다. 경영진은 당신에게 회사의 결속력을 강화시킬 것을 기대한다. 우리 고객 중 한 사람은 이를 '모든 것을 참으며 나서야 하는 순간'이라고 표현한다. 평가나 반응의 시간은 이미 지나갔다. 공헌을 한다 함은 기본적으로 생존의 중요한 부분으로서 이 생존 게임에 참여하는 선수들 중 재치 있는 사람들은 변화를 이용하고, 그 안에서도 주요한 인물로 남아 있으며, 언제나 계획을 개선하고자 끊임없이 노력하는 방법을 배우려고 한다.

법칙 3: 다른 사람의 평가는 중요하다

다른 사람의 평가가 중요하다. 단순한 말이다. 하지만 다른 사람의 인상은 여러분이 적군인지 아군인지, 지도자 스타일인지 아닌지, 팀 플레이어인지 통제 불능인 사람인지를 결정하는 데에 큰 영향을 끼치기 때문에 중요하다. 다른 사람의 평가는 여러분이 기대를 걸 만한 사람인지, 믿을 만한 사람인지 혹은 당신의 지도를 받아들여야 할지를 결정하게 한다.

자신의 행동이 어떻게 다른 사람들의 인상에 영향을 끼치는지를 이해하는 점이 핵심이다. 만약 행동이 평가에 영향을 끼친다는 생각을 받아들인다면, 당신은 자신이 다른 사람들에게 보내는 신호에 관해 더욱더 현명해질 수 있으며, 다른 사람의 반응에 덜 놀라게 된다. 신호에 주의해야 한다. 이를 행하는 한 가지 방법은 다음 세 가지 질문을 자기 자신에게 던져보는 것이다.

- 내 질문에 다른 사람들이 의외의 대답으로 반응하지 않는가?
- 협업協業이 필요할 때, 다른 사람들이 나와 함께 일을 하고자 하는가?
- 내가 단호한 태도를 보일 때, 다른 사람들이 내 의지를 지지하는가?

다른 사람들이 자신에 대해 어떻게 반응하는가에 주의를 기울인 사람들만이 이 질문에 대답할 수 있다. 우리가 제4장에서 제시한 조언을 따라 진실을 말해줄 수 있는 믿을 만한 동료를 얻었다면 대답을 얻기란 훨씬 쉬워질 것이다.

다른 사람의 평가는 본질이 아니라 전적으로 방식에 의존한다. 자신이 신봉하는 가치나 의도는 여기서 문제가 되지 않는다. 다른 사람이 자신에 대해 어떻게 생각하느냐가 중요하다. '자신이 던진 말을 곰곰이 따져 보아라'라는 옛 경구가 여기서는 매우 중요하다.

법칙 4 : 언제나 탈출 전략이 있어야 한다

한 바퀴를 다 돌고 이제 처음으로 돌아왔다. 우리는 탈출 전략에 대한 논의로 이 책을 시작했다. 그리고 이러한 생각이 자주 간과되는 만큼이나 매우 중요하기 때문에 우리는 처음에 제시했던 같은 조언으로 책을 마무리하고자 한다. 오늘날과 같은 거친 경쟁의 장에서 어떠한 자리도 영원히 보장받을 수 없어서, 모든 경영자들에게는 다음에 어떤 일이 일어날지라도 자신의 경력을 조절하게 하는 기민한 전술적인 계획이 요구된다. 즉, 새로운 자리로 이동을 하거나 아니면 문을 박차고 나가기 위한 계획이다.

탈출 전략은 자신을 위한 안전그물이며 마음의 평화이다. 적시적소에 꺼내어 쓸 수 있는 안전한 탈출 전략을 가지고 있다면, 권력자나 거대한 바다가 움직여 퇴사를 명령하는 위기 상황을 걱정할 필요 없이 당신은 모든 것을 선도할 수 있고 혁신할 수 있으며 현 상태에 도전할 수 있다. 탈출 전략이 있는 한 당신은 좀더 강하게 될 수 있으며, 오늘날처럼 부침이 심한 비즈니스 환경에도 보다 효과적으로 대응하도록 해준다.

끝맺으며

이 책의 서문에서 우리는 우리의 목적이 '무방비상태에 처하지 않으면서 도약, 전진 그리고 정상 정복에 필요한 도구들을 당신에게 제공하는 것'이라고 썼다. 이러한 우리의 희망이 이루어졌기를 바란다. 최소한 우리는 어떤 지점에서 어떤 위험 신호가 무엇을 의미하는지 파악하게 되면 당신은 더 큰 자신감 즉, 자신의 경력은 자신이 책임질 수 있다는 인식에서 오는 그러한 자신감을 느끼게 된다는 점을 이해하고 있다. 또한, 이러한 자신감으로부터 당신은 자신을 좀더 효과적이고, 창조적으로 이끄는 힘을 얻는다.

마지막으로 우리는 다음과 같은 점을 지적하며 이 책을 끝마치려 한다.

언제나 웃어야 한다! 인생이나 직업에서 어처구니없는 일은 언제나 일어나기 마련이다. 유머 감각, 특별히 자기 자신에 대해 웃을 힘은 광기와 혼돈 그리고 예측불가능의 시대에서 생존의 동력이다.

왜 그걸 몰랐을까

지은이 낸시 C. 위드만, 일레인 J. 아이젠만, 에이미 도른 코플란
옮긴이 홍민표

펴낸날 2008년 4월 30일 · 1판 1쇄

펴낸곳 도서출판 사람과책
펴낸이 이보환
기획편집 오승준 이장휘 | 마케팅 신현정 이봉림 이원섭

등록 1994년 4월 20일(제16-878호)

주소 서울시 강남구 역삼1동 605-10 세계빌딩 5층
전화 02-556-1612~4 | 팩스 02-556-6842
전자우편 manbook@hanafos.com | 홈페이지 http://www.mannbook.com
블로그 http://humanbooks.egloos.com

ⓒ 도서출판 사람과책 2008
Printed in Korea

ISBN 978-89-8117-106-3 03320

* 잘못된 책은 바꾸어 드립니다.
* 책값은 뒤표지에 있습니다.

「이 도서의 국립중앙도서관 출판시도서목록(CIP)은 e-CIP 홈페이지(http://www.nl.go.kr/ecip)에서 이용하실 수 있습니다.(CIP제어번호: CIP2008001136)」